AMEAÇA DE IDENTIDADE E PERMANÊNCIA DA PESSOA

EDITORA AFILIADA

Coleção
QUESTÕES DA NOSSA ÉPOCA
Volume 113

**Dados Internacionais de Catalogação na Publicação (CIP)
(Câmara Brasileira do Livro, SP, Brasil)**

Silva, Lindinalva Laurindo da
  Ameaça de identidade e permanência da pessoa : um estudo de sociologia da doença / Lindinalva Laurindo da Silva ; tradução de Rodnei A. Nascimento. — São Paulo : Cortez, 2004. — (Coleção questões da nossa época ; v. 113)

  Título original: Vivre avec le SIDA en phase avancê.
  Bibliografia.
  ISBN 85-249-1024-0

  1. AIDS (Doença) – Aspectos psicológicos 2. AIDS (Doença) – Aspectos sociais   3. Doenças – Aspectos sociais I. Título. II. Título: Um estudo de sociologia da doença. III. Série.

04-2127   CDD-306.461

Índices para catálogo sistemático:

1. AIDS : Sociologia da doença   306.461

Lindinalva Laurindo da Silva

AMEAÇA DE IDENTIDADE E PERMANÊNCIA DA PESSOA

**Tradução de
Rodnei A. Nascimento**

Vivre avec le Sida. Une étude de Sociologie de la maladie
Lindinalva Laurindo da Silva

Capa: Estúdio Graal
Preparação de originais: Adilson Miguel
Revisão: Maria de Lourdes de Almeida
Composição: Dany Editora Ltda.
Coordenação editorial: Danilo A. Q. Morales

Nenhuma parte desta obra pode ser reproduzida ou duplicada sem autorização expressa da autora e do editor.

© 2004 by Autora

Direitos para esta edição
CORTEZ EDITORA
Rua Bartira, 317 — Perdizes
05009-000 — São Paulo-SP
Tel.: (11) 3864-0111 Fax: (11) 3864-4290
E-mail: cortez@cortezeditora.com.br
www.cortezeditora.com.br

Impresso no Brasil — abril de 2004

Sumário

Prefácio
Carmen Junqueira 7

Introdução 9

CAPÍTULO I — Da representação à ação: as doenças e os doentes como objetos da sociologia 19

1. A noção de pessoa e seu agir no social com a Aids: um quadro de análise possível 26
   1.1. A construção da pessoa e a problemática da identidade 27
   1.2. A pessoa e seu agir no mundo 32
   1.3. A entrevista como relato na pesquisa sociológica 37
2. A formação da coerência da pessoa 41
   2.1. O efeito da doença grave na formação da coerência da pessoa 41
   2.2. O lugar do relato na formação da coerência da pessoa 42

CAPÍTULO II — A estabilidade da identidade pelo compartilhamento de uma história comum 46

1. Uma história comum compartilhada 54
   1.1. A homossexualidade: um fato a ser justificado ... 56

1.2. Da descoberta à primeira experiência amorosa 59
　　1.3. O olhar voltado para uma geração 63
2. A provação da coerência da pessoa 67
　　2.1 A estabilidade da identidade pelo efeito de totalização 69

CAPÍTULO III — A construção da incerteza e a manutenção da identidade 76

1. A manutenção da dúvida a respeito do diagnóstico de Aids 80
　　1.1. A importância da palavra na manutenção da dúvida 81
　　1.2. A dúvida quando não há progressão da doença .. 83
2. A revolta: um recurso mais estressante que apaziguador 87
　　2.1. Quando o objeto da revolta é difícil de discernir 88
3. A emergência de um espaço espiritual 94
　　3.1. O reconforto encontrado na fé e nos fundamentos religiosos 99
　　3.2. O movimento em direção a si mesmo e aos outros 103
　　3.3. A contemplação da natureza 106

Conclusão 109

Bibliografia 114

Prefácio

Carmen Junqueira

É muito bem-vinda a iniciativa da Cortez Editora de publicar o excelente livro de Lindinalva Laurindo da Silva, intitulado *Ameaça de identidade e permanência da pessoa*, onde são tratadas questões importantes da sociologia da doença. Reunindo dados de uma pesquisa realizada no final de 1980, quando foram entrevistados 40 portadores de Aids em fase avançada, o texto procura entender os mecanismos que cada paciente desenvolve para enfrentar a doença que então significava o encontro rápido e inexorável com a morte. É preciso lembrar que na época a doença era cruelmente associada à devassidão e à decadência moral, tendo o homossexual sido eleito a vítima expiatória. Deveria ele assim carregar, além de todas as dores do corpo enfermo, o estigma da culpa, numa sociedade que associava sua sexualidade à impureza. De vítima, a pessoa passava a responsável pela doença, sendo desse modo punida pela transgressão.

Sob esse pano de fundo, a autora analisa o esforço empreendido pelos doentes para reorganizar sua breve vida, resguardar a própria identidade e impor algum sentido a essa etapa sombria da existência. Não há dúvida que a doença trazia a certeza da morte, mas num outro nível de concreção os portadores de Aids expressavam uma esperança permanente. Faziam isso ora duvidando da veracidade do diagnóstiço, ora se refugiando em espaços espirituais: "se Cristo ressuscitou Lázaro, porque não ressuscitaria um outro ser humano", afirma um deles, na esperança permanente de quem não se resigna.

O interesse de Lindinalva Laurindo da Silva pela sociologia da doença remonta à década de 1980, quando iniciou o curso de mestrado na PUC-SP sob minha orientação. Atenta à nova praga que ameaçava vidas em todo o planeta, dedicou anos à pesquisa de campo junto aos doentes de Aids. O denso material coletado através de entrevistas é neste livro retomado e repensado teoricamente de modo criativo, fazendo uso de contribuições de L. Boltanski, L. Thévenot e P. Ricoeur entre outros. Nesse sentido, o livro é uma contribuição importante à compreensão dos processos que envolvem a pessoa, a separação de um mundo indiferente à dor e o que Susan Sontag definiu como o lado sombrio da vida — a doença. Os entrevistados que generosamente confiaram à pesquisadora seus temores e esperanças ficariam orgulhosos do tratamento respeitoso que mereceram e, quem sabe, ainda uma vez relembrariam a mensagem que ficou gravada na minha mente: "pode-se fazer mil estudos sobre a Aids, mas nunca se vai ver o mundo como um doente de Aids".

Introdução

Este livro apresenta-se como uma contribuição à sociologia da doença e à compreensão das situações em que há ameaça de perda da identidade.[1]

Duas questões centrais nos guiaram no estudo. A primeira foi tratar de questões que não se reduzem ao doente, mas são próprias da Aids (doença não curável, que comporta julgamento moral e suscita interesse público). A segunda foi considerar as diferenças entre as pessoas que, face a uma condição comum (portadoras de Aids em fase avançada), são levadas a encontrar a própria maneira de enfrentar a situação. As pesquisas de sociologia da doença têm sido freqüentemente confrontadas com a tensão entre dois tipos de abordagens: a ênfase nas representações sociais a propósito da doença, que permitem ao doente e à população em geral lhe atribuir um sentido, ou a exigência de tratar de maneira pragmática a responsabi-

---

1. Os dados aqui apresentados resultam de uma pesquisa sociológica realizada de julho a outubro de 1988, junto a quarenta doentes de Aids em fase avançada, homossexuais e bissexuais masculinos, acompanhados em hospital-dia no Centro de Referência e Treinamento de DST/Aids (CRT), ligado à Secretaria de Saúde do Estado de São Paulo. Em hospital-dia o paciente permanece o tempo necessário para tomar a medicação e retorna para casa no final do dia.

lidade que as instituições médicas têm pelos doentes e a organização minuciosa que estes realizam individualmente, para assegurar seu cotidiano com a doença.

A perspectiva adotada em nossas análises situa-se na interseção dessas abordagens: representações gerais da doença e ações singulares dos doentes. Para isso, não podemos fazer nenhuma economia das particularidades próprias ao objeto de estudo: nem as da doença e da pessoa doente nem as da sociedade investigada.

Para compreender a articulação entre essas duas perspectivas da sociologia da doença, nos apoiamos na idéia de permanência da pessoa e na possibilidade de ela agir no mundo diante de uma situação que coloca em perigo essa permanência. Assim, baseamo-nos na perspectiva teórica desenvolvida por Paul Ricoeur, na obra *Soi-même comme un autre* [O si-mesmo como um outro] (1990), para analisar a articulação da noção de pessoa com a problemática da identidade. Por outro lado, apoiamo-nos na sociologia analítica desenvolvida por L. Boltanski (1990) e L. Boltanski e L. Thévenot (1991), para entender a questão da justiça e da eqüidade quando a pessoa é confrontada com uma situação que foge ao quadro da vida ordinária.

É preciso recordar o contexto do final dos anos 80 para compreendermos o que significa "viver com Aids em fase avançada". Em 1988, a pesquisa médica sobre a Aids havia progredido em vários aspectos. Sabia-se com certeza da causa viral da doença, os testes de diagnóstico já eram utilizados e a primeira geração do medicamento antiretroviral AZT® estava disponível, embora ainda não fosse comercializada no Brasil. Os progressos terapêuticos no controle das doenças oportunistas eram poucos e o meio médico se mostrava prudente quanto à possibilidade de conter a evolução da infecção pelo vírus da imunodeficiência humana (HIV).

A investigação que realizamos na época, com os doentes de hospital-dia, permitiu-nos compreender a experiência de viver com Aids em fase avançada. Eles apresentavam patologias graves provocadas pela infecção do HIV, como o sarcoma de Kaposi, a pneumocistose, a meningite por criptococo e a candidíase. O tratamento era regular e rigoroso: eles permaneciam hospitalizados de duas a seis horas para receber medicação intravenosa, de um a três dias por semana — para alguns, o tratamento era diário. Eles tinham a consciência de que nenhum medicamento poderia deter a evolução da doença.

Hoje, com o tratamento por antiretrovirais e inibidores de protease, a situação das pessoas que vivem com Aids evoluiu consideravelmente. Observando os dados aqui apresentados, seria possível pensar num tempo já encerrado e que a maior importância desses estaria no fato de inscrever-se na história da epidemia. Significaria, porém, esquecer que se continua a morrer de Aids, mesmo que em menor número, e desprezar a importância dos efeitos secundários causados pela medicação contínua, duramente ressentidos pelos doentes em tratamento. Na confrontação com qualquer doença grave e crônica, a pessoa deve ordenar todos os problemas que a afligem: tratamento, manutenção da vida material, questões de conotação moral, a perspectiva de morte contida na doença e o vínculo com os outros e consigo mesmo.

Neste livro, procuraremos mostrar que, para assegurar o vínculo consigo mesmo, os doentes empreendem um rearranjo no nível do "*si*" e da identidade abalada pela sobrevinda da doença, naquela época fatal. Para compreender o trabalho realizado pelos doentes de reordenação de si, e, portanto, da identidade, formulamos a hipótese de que a entrevista, além de permitir um levantamento das ações dos doentes, implica uma reconstrução biográfica. Isso ocorre quando, para responder à questão do sociólogo, os doentes são levados a evocar diferentes aspectos de sua vida e ordená-los uns em relação aos outros, de modo a integrá-los na totalidade de uma história plena de sentido e coerência — a sua própria história. O exercício realizado pelos doentes no momento da entrevista é qualificado como um trabalho de formação da coerência de sua pessoa.

A análise da coerência da pessoa mostra que a reorganização no nível do *si* exige a reinterpretação do lugar da homossexualidade na vida e a expressão de sentimentos profundos surgidos ao longo das experiências individuais com a doença.

Quando os doentes são levados a responder as questões sobre a homossexualidade e sobre o que consideram mais importante depois da doença, eles evocam o que eram e o que se tornaram depois da Aids. Há, nesse exercício, um movimento no tempo (tempo presente e tempo do relato) e através do tempo (passado e futuro), que, pensamos, se apresenta como possibilidade de assegurar a continuidade de sua identidade social e pessoal. Por meio do depoimento sobre suas experiências, eles podem reconhecer a maneira como consideram a si mesmos na situação presente e no passado. Nesse caso, existe a possibilidade de exteriorização do significado que conferem à sua vida com a Aids.

No entanto, é preciso esclarecer, a compreensão do significado de viver com Aids em fase avançada não se reduz aos sentimentos mais profundos, como os que dizem respeito à identidade e ao *si*. O trabalho que a pessoa realiza para enfrentar a mudança que se opera em sua vida possui um aspecto correspondente à reorganização da vida prática e material,[2] que nos parece necessário expor brevemente nessa introdução.

Pudemos observar que o trabalho de formação de coerência empreendido pelos doentes, consigo e com o meio ambiente, começa desde as primeiras suspeitas de soropositividade e continua ao longo de toda a vida. A tomada de consciência daquele que é atingido pela Aids ocorre por meio de um processo e em uma seqüência temporal. A repetição do teste, o recurso a redes referenciais[3] ou o percurso por diferentes hospitais, antes da confirmação do diagnóstico, correspondem ao prazo necessário

---

2. A totalidade das análises da pesquisa realizada em 1988 foi publicada em uma obra intitulada *Vivre avec le sida en phase avancée: une étude de sociologie de la maladie*, L'Harmattan, Collection Logiques Sociales, 1999, Paris, 311 pp. Este trabalho está em curso de publicação em português pelo Ministério da Saúde — Programa DST/Aids.

3. A rede referencial, segundo Eliot Freidson (1984), compreende a implicação de pessoas solicitadas pelo doente, leigas e profissionais médicos cada vez mais especializados, na busca do diagnóstico de uma doença.

para que os doentes possam aceitar e integrar esse diagnóstico.[4] Essa seqüência temporal já implica um trabalho de recomposição da identidade no nível do *si* e do ambiente social, e sugerimos que ela implica, igualmente, uma atenuação do efeito de ruptura, freqüentemente destacado pelos diferentes trabalhos versando sobre o anúncio do diagnóstico de uma doença grave (Strauss e Glaser, 1975; Bury, 1975; Silvestre et alii, 1989; Carricaburu e Pierret, 1992, 1995; Weitz, 1989).

Os doentes reconhecem as representações sociais a respeito da Aids e suas propriedades, que correspondem, principalmente, à ameaça de morte e ao julgamento moral. Este é ligado à noção de transmissão — freqüentemente confundida com a noção de contágio[5] —, mas tam-

---

4. Os diagnósticos dos doentes investigados foram realizados entre 1984 e 1988. Nesse período, eram poucos os médicos especializados em Aids em São Paulo, e os médicos generalistas eram menos sensíveis à questão da doença e à necessidade do teste de anticorpos anti-HIV já na primeira consulta. Cf. Laurindo da Silva, 1999a.

5. Segundo Emmanuel Hirsch, a noção de transmissão "parece resultar do registro de uma responsabilidade da pessoa humana em muitos aspectos menos abstrata e exterior que a de contágio" (1993, p. 38). Gérard Fabre (1993), colocando-se no contexto da infecção do HIV, afirma que as definições das palavras transmissão e contágio se recobrem: trata-se então da "propagação, de um sujeito a outro, de um agente e dos distúrbios que provoca (infecção, doença, resistência etc.)" (1993, p. 23). O autor evoca a evolução histórica das abordagens médicas, em termos de contágio e transmissão, para explicar as doenças infecciosas e procura demonstrar que o uso privilegiado do conceito de transmissibilidade, mais que o de contagiosidade, pode resultar de escolha ideológica, que não tem relação com critérios puramente biomédicos. De fato, observa-se uma ausência de consenso médico sobre a distinção entre um conceito e outro. No entanto, esse

bém ao fato de que a Aids se expandiu, em um primeiro momento, principalmente em populações reconhecidas como marginalizadas e carregadas de conotações morais, como homossexuais e usuários de drogas intravenosas.

Essas representações são consideradas pelos doentes na reorganização de suas vidas, que se reordenam num horizonte restrito. A perspectiva de futuro é limitada, desde então, a um presente contínuo que se repete graças a uma organização minuciosa do modo de vida.[6] Esse horizonte é igualmente restrito no que concerne à comunicação com o outro a propósito da doença. Mais tarde, com a evolução da infecção, ele se restringe também diante da capacidade física e do ambiente social. Desaparecem as relações de sociabilidade, como as de trabalho e as de lazer, e vê-se reforçar as relações de socialização,[7] restabelecendo os laços com a família e com amigos selecionados minuciosamente.

---

recurso semântico no discurso médico preventivo foi importante nas tomadas de posição política e social a respeito dos portadores de HIV.

6. Com a problemática da temporalidade, foi demonstrado que os doentes reinterpretam suas perspectivas e reorganizam suas ações de maneira a adaptá-las a seu estado de doença. Eles calculam suas ações em função de sua duração e nos períodos em que se sentem bem. Do domínio de suas ações cotidianas e de sua higiene de vida depende o encadeamento de seus dias.

7. Apoiamo-nos na distinção estabelecida por G. Simmel (1910, ed. 1991a) entre as relações que pertencem à sociabilidade e as que pertencem à socialização, para examinar a ruptura ou o reforço de certos laços sociais dos doentes de Aids. Para o autor, as primeiras são relações frouxas, "livres de enraizamento", e as segundas "constituem uma unidade de base", fortemente estabelecida em nome de um ideal, como as relações familiares, por exemplo.

O fortalecimento das relações de socialização, todavia, não facilita a fala a respeito da doença e de sua origem. Para se fazer compreender nessa situação, os doentes e os que estão à sua volta recorrem a meios de comunicação baseados principalmente no segredo e no silêncio o que nos leva a refletir sobre a importância de conceder um lugar significativo ao silêncio e ao segredo como maneira de comunicar-se em uma situação dada.[8] No caso da Aids, o segredo e o silêncio são fundamentais para a relação entre o doente e seu círculo. Mesmo quando os sinais se tornam perceptíveis, os que estão à sua volta se mostram discretos e capazes de respeitar seu silêncio e sua vontade de não falar sobre o seu mal.

Malgrado a inquietude dos doentes em relação ao estigma que a Aids engendra e a denúncia das cenas estigmatizantes vividas por alguns, pode-se observar que a doença suscita um movimento de solidariedade por parte

---

8. G. Simmel (ed. 1991b), que estudou o segredo na sociedade moderna, lembra-nos de sua importância para a vida em sociedade. Diferentes pesquisas sociológicas destacaram o valor da dissimulação para as interações nas situações de doença (M. Bury, 1982; Schneider e Conrad, 1980; Scambler e Hopkins, 1986). Do mesmo modo, o segredo (de Estado, de uma empresa) é considerado fator de segurança e organização social. Todavia, a sociedade moderna é pensada antes com base na possibilidade de ação, que reside na comunicação entre as pessoas, do que com base no secreto. Pensamos, sobretudo, na teoria de Jürgen Habermas (1987), em que a ação comunicativa ocupa lugar central nas experiências que permitem dar sentido à ação. Ainda que J. Habermas tome o cuidado de prevenir que esse conceito não se restringe à comunicação verbal e se recuse a assimilar a ação ao falar e a interação à conversação, ele insiste no lugar preeminente da linguagem no conceito de ação comunicativa.

dos profissionais da medicina, da família e das organizações de luta contra a Aids. A solidariedade familiar ocupa um lugar importante na reorganização do cotidiano dos doentes, no plano material e afetivo. No momento do relato, eles realizam todo um trabalho de recomposição dos vínculos familiares, evidenciando a importância deles em sua vida com a doença e na reconstrução de sua biografia.

Nossa pesquisa realizada em 1988 mostra que os doentes reconhecem as ações de solidariedade, principalmente as da família e da equipe médica. Essa última procura compensar os limites da medicina diante do HIV dando aos doentes provas de humanidade, como a disponibilidade de escuta, de fala e de afeição. No entanto, a maior parte dos doentes não crê na eficácia do tratamento e afirma que, quanto ao conhecimento da doença, se situa no mesmo nível dos médicos. Desse ponto de vista, nota-se que a Aids marca uma certa ruptura com a relação hierárquica entre o médico e o paciente, com o modelo do "médico perito", definido por Talcot Parsons, e também com a idéia de que o dever de se tratar é ligado à busca de uma legitimidade médica que condiciona o restabelecimento do paciente (Parsons, 1955; Freidson, 1984). Nosso trabalho mostra que os doentes não manifestam esperança de cura e não buscam legitimar que estão de fato doentes. Eles relacionam o tratamento com um ato de dignidade face à eles mesmos. Ato que nos remete à dimensão subjetiva da pessoa e implica uma ordem moral onde se inscreve a noção de dignidade da pessoa como fim em si mesmo (Ricoeur, 1990; Ladrière, 1991).

Com a consciência profunda de que naquele momento nada pode evitar a evolução da doença, os doentes revisitam sentimentos do passado — como os ligados à homossexualidade — e descobrem outros. Ao evocarem a sensação de injustiça por terem sido atingidos por um vírus letal, os doentes não conseguem evitar o vínculo com o ressentimento de toda a vida em relação à maneira como eles acham que a sociedade encara a homossexualidade. E clamam por justiça para todos os homossexuais ao defenderem o reconhecimento da homossexualidade como norma em matéria de sexualidade. Nesse momento, é toda a capacidade de reconhecer-se em uma dimensão geral de identificação que se manifesta.

Por outro lado, na busca de coerência com a situação presente, os doentes relatam sentimentos que não conheciam antes da Aids, como a revolta ou a inspiração espiritual, que reconfortam em certos momentos e contribuem para a manutenção do *si* na situação de doença.

Nas páginas que seguem vamos expor, inicialmente, as diferentes teorias das quais nos servimos para construir nossa problemática sobre a formação da coerência da pessoa. Em seguida, vamos analisar como os doentes recompõe sua identidade social abalada pela doença, por meio da reconstrução do lugar da homossexualidade em suas vidas. Finalmente, no terceiro capítulo, vamos analisar as incertezas quanto ao determinismo contido no caráter letal da Aids, segundo as próprias experiências com a doença.

Capítulo I

DA REPRESENTAÇÃO À AÇÃO:
as doenças e os doentes como objetos da sociologia

Desde Max Weber sabemos que, nas relações sociais, cada um orienta sua conduta a partir da interpretação que faz da resposta que o outro dará a suas ações (M. Weber, ed. 1969). Assim, para dar conta da experiência dos doentes de Aids em fase avançada, tentamos compreender de que maneira eles retomam por sua conta as representações sociais elaboradas a propósito da doença, para guiar suas ações individuais na organização da vida prática.

As pesquisas sobre a representação social da doença insistem na maneira pela qual as pessoas procuram o sentido dado à sua doença nas formas gerais de pensamento. Nessa perspectiva, C. Herzlich (ed. 1984), apoiando-se no conceito de representação coletiva concebido por Emile Durkheim (ed. 1985) e retomado por Serge Moscovici (ed. 1976), analisa como, na sociedade contemporânea, a estruturação cognitiva e social da noção de saúde e de doença é orientada pelo conjunto dos valores, das normas sociais e dos modelos culturais, tal como é pensado e vivido pelos membros de uma sociedade.

A análise de C. Herzlich integra os esclarecimentos trazidos pela antropologia — quando esta disciplina toma por objeto de pesquisa a variedade de crenças, atitudes e práticas envolvendo a doença nas diversas sociedades — e aqueles trazidos pela psicossociologia — quando analisa a dinâmica dos comportamentos sociais a respeito de saúde e doença na sociedade contemporânea. Nessa ótica, para entender a percepção do indivíduo e o sentido da doença e da saúde para ele, a autora centraliza sua análise na articulação entre o indivíduo e o sistema sociocultural.

A análise da representação social mostra que na sociedade contemporânea, as noções de saúde e doença são expressas e controladas, no plano cognitivo, pela linguagem das relações entre o indivíduo e a sociedade. Segundo a autora, é nessa linguagem que o quadro de referência da representação se ordena, onde os fenômenos são inseridos, comunicados e controlados.

Quando esse modelo é aplicado aos estudos sobre a interpretação da doença em sua evolução histórica (C. Herzlich e J. Pierret, 1984), vê-se confirmar o vínculo entre o lugar concedido ao doente no espaço social, a consciência coletiva e o conjunto do sistema de valores próprios de uma sociedade dada. Essa concepção sustenta que hoje as representações sociais de saúde e de doença são forjadas na ação e no domínio do biológico pelo modelo médico. Mas ela também mostra que certas noções e certos esquemas de pensamento atravessam toda a evolução histórica das representações da doença. Assim, pode-se reencontrar, ainda que em casos particulares (nos casos de doenças graves e em certas pessoas), a noção de fado, pecado e falta, que remetem a épocas em que a relação da sociedade com a doença era modelada por duas características principais: a predominância de doenças coletivas, que atingiam a espécie humana em grande escala, e a referência a uma ordem transcendente, exterior à relação entre as pessoas.

As representações sociais não estando isoladas do contexto preciso em que elas são criadas (da sociedade, da época, da classe social), o esquema aberto pela teoria da representação social da doença nos leva a questionar o trabalho de interpretação que cada doente faz de sua doença e as ações possíveis para responder à essa interpretação.

No entanto, algumas observações devem ser feitas sobre as diferenças entre a maneira de conceber a elaboração das representações sociais e sua interpretação no social. O modelo concebido por C. Herzlich evoca uma forma de epistéme da doença que remete a todas as enfermidades e a todos os doentes. Eliminando da análise o contexto da doença e do doente, ele exclui a maneira como as pessoas fazem a mediação entre experiência individual de uma doença, com suas vivências passadas, suas características sociais e individuais, e as representações existentes no social a propósito dessa doença.

Nas análises da experiência dos doentes de Aids, consideramos que os sistemas de pensamento sobre uma doença servem efetivamente para guiar as ações das pessoas, mas observamos que esses sistemas não são reelaborados apenas segundo o contexto de uma época e de uma sociedade, mas também conforme uma dinâmica interna, própria de cada situação particular,[1] e retraduzidos por cada pessoa individualmente. Essa posição evita pressupor que as representações sociais da Aids sejam homogêneas no conjunto da sociedade e que todos os doentes da Aids retomem igualmente essas interpretações para dar um sentido à doença e orientar suas ações cotidianas.

A organização da vida prática dos doentes foi estudada principalmente no âmbito da doença crônica. As primeiras reflexões sobre essa questão são encontradas nos trabalhos de Anselm Strauss e Barney Glaser, em particular na obra *Chronic Illness and Quality of Life* (1975). A análise se baseia na teoria interacionista simbólica, segundo a qual é preciso buscar a compreensão de uma situação pela interação dos atores envolvidos, visto que toda situação subentende uma ação social determinada. Ao insistir no papel criativo dos atores na construção da vida social, o interacionismo considera que as ações ganham sentido no curso das interações. Algumas dessas significações são estáveis no tempo, embora devam ser freqüentemente negociadas a cada nova interação. Esta é definida como uma ordem negociada, local e frágil, que deve ser reconstruída permanentemente para que se possa interpretar o mundo social.

---

[1]. É importante lembrar o papel dos homossexuais ao lado de alguns médicos que, logo no surgimento da Aids, se engajaram na luta contra a doença e as discriminações possíveis em relação aos doentes e aos homossexuais em geral, contribuindo de maneira decisiva, para a modelação das representações sociais da Aids que excluíam todo discurso moralizador ou repressivo em relação aos doentes e aos homossexuais (Laurindo da Silva, 1986).

A partir dessa perspectiva teórica, A. Strauss e B. Glaser mostram como a doença crônica provoca uma ruptura biográfica na vida da pessoa atingida ao produzir um impacto nos planos físico, socioeconômico e temporal. Segundo suas análises, viver com um mal crônico implica gerir problemas de diferentes ordens, como a desorganização e a reordenação do tempo, a incerteza sobre o desenvolvimento da doença, com fases de crises e remissão dificilmente previsíveis, e o isolamento social resultante da redução das atividades.

Para enfrentar esses problemas, o doente deve efetuar um trabalho de ajustamento à trajetória da doença.[2] Os autores utilizam a noção de normalização para designar uma estratégia de base no processo de ajustamento. A noção compreende as medidas adotadas pelo doente ou pela família para controlar ou dissimular os sintomas, gerir os tratamentos e levar uma existência do modo mais normal possível. As variações na trajetória da doença combinadas com as contingências sociais ameaçam os ajustamentos que devem ser revistos, o que representa um equilíbrio entre "normalização" e "desnormalização" da vida.

Assim, a doença provocaria um questionamento do tempo biográfico e tornaria a vida dos doentes descontínua.

---

2. Para A. Strauss e B. Glaser, o conceito de trajetória é central para compreender a experiência e o problema da doença crônica. Eles estabelecem uma diferença entre curso da doença e trajetória da doença: o curso corresponde às fases da enfermidade e se refere, ao mesmo tempo, ao termo comum e profissional. A trajetória se relaciona com o desenvolvimento fisiológico da enfermidade, mas também com toda organização do trabalho dispensado para seguir esse desenvolvimento.

A. Strauss e B. Glaser introduzem as concepções do corpo, do tempo e de "si", que supõem um vínculo com a noção de tempo biográfico — o doente recompõe sua biografia, que se tornou descontínua pelo advento da enfermidade, e pode, assim, enfrentar a evolução da doença crônica.

A problemática original criada por A. Strauss e B. Glaser influenciou várias pesquisas sobre a desorganização provocada pela doença crônica e o efeito da ruptura que ela introduz no nível da identidade e da autonomia física na vida cotidiana. Essas pesquisas destacam a incerteza de viver com um mal crônico (Fred Davis, 1972), a dissimulação da doença nas relações sociais (Schneider e Conrad, 1980, e Scambler e Hopkins, 1986), o trabalho de adaptação à doença e de normalização por meio de diferentes recursos (Michael Bury, 1982) e as conseqüências da experiência da enfermidade no desenvolvimento de si e da identidade (Kathy Charmaz, 1980, 1983, 1987).

Alguns conceitos relativos à experiência e ao contexto das doenças crônicas são utilizados hoje em pesquisas sobre a experiência de viver com o HIV. Karolynn Siegel e Béatrice J. Krauss (1991) analisam o processo de interação no ambiente social como fator fundamental na gestão da vida cotidiana dessas pessoas. Rose Weitz (1989) se interessa pelos meios como homossexuais e bissexuais masculinos contaminados pelo HIV enfrentam a incerteza engendrada pelo diagnóstico da soropositividade. Danièle Carricaburu e J. Pierret (1992, 1995) examinam o processo de recomposição identitária e de fortalecimento biográfico dos homossexuais e dos hemofílicos soropositivos. Kent L. Sandstrom (1990) traz à luz as dinâmicas de construção da identidade e de gestão da vida cotidiana dos homossexuais contaminados pelo HIV.

Essas diferentes pesquisas se baseiam na definição de doença como é percebida pelos nela envolvidos e na significação que eles lhe atribuem. Os estudos nos esclarecem sobre o processo de enfrentamento da doença nas diferentes dimensões da vida cotidiana. No entanto, fazemos duas reservas às análises concebidas segundo o modelo interacionista. A primeira está ligada a uma insuficiência de explicação sobre como se constitui o quadro de representação geral que permite às pessoas reconhecer e/ou antecipar a ação do outro em uma situação de interação. Como a abordagem interacionista não insiste em uma ordem social previsível e estável, as ações das pessoas permanecem à mercê de uma ordem temporal frágil, que se refaz incessantemente nas situações de interação. A segunda está ligada ao fato de que, no processo de enfrentamento da doença, as ações dos enfermos são apresentadas como centradas demasiadamente nas interações e, portanto, na interpretação da resposta do outro. Isso deixa pouco espaço para a concepção que a própria pessoa adquire quanto à maneira de enfrentar sua doença, independentemente da opinião do outro.

Consideramos que, no processo de reordenação de si para enfrentar a doença, a pessoa não depende permanentemente de respostas vindas do outro. Ela pode encontrar no interior de si mesma, novas formas de ação para responder à exigência da enfermidade, totalmente legítimas e coerentes com as formas de representações gerais existentes.

1. A noção de pessoa e seu agir no social com a Aids: um quadro de análise possível

Nos trabalhos sobre as doenças crônicas, a noção de ruptura é de grande importância para a compreensão das experiências do doente. Parece-nos que isso se deve ao destaque, nas análises, da dimensão relacional da pessoa (Paul Ladrière, 1991),[3] em detrimento de outras dimensões que nos permitiriam compreender a pessoa em sua totalidade. Retomamos, assim, a associação entre ruptura e dimensão relacional, tentando insistir em outras características da pessoa, para não reduzi-la à categoria de doente e dependente do outro.

Nossa experiência com portadores de hanseníase, durante vários anos, e, depois, com doentes de Aids, desde 1983, nos levou a pensar que seria necessário considerar aquilo que faz com que a pessoa doente permaneça sempre a mesma, que tenha uma fala sobre si e sobre o mundo que a cerca, e que, enfim, assegure sua continuidade em uma vida que se desenrola do nascimento até a morte.

---

3. Paul Ladrière (1991) traz à luz as diferentes significações atribuídas à noção de pessoa segundo quatro dimensões, ligadas a quatro períodos históricos. A dimensão ôntica remonta ao período grego e latino, a dimensão ontológica ganha plena significação no curso da Antigüidade cristã e da Idade Média, a dimensão subjetiva tem lugar no período dos tempos modernos e a dimensão relacional se consolida na época contemporânea. Conforme essas dimensões, a noção de pessoa contém em sua definição a idéia de uma individualidade especificamente humana, de uma substância individual de natureza racional, de uma consciência de si e de um sujeito livre de seus atos, que só se pode realizar em uma ação de engajamento e responsabilidade incondicional em relação ao outro.

1.1. A construção da pessoa e a problemática da identidade

Nesse estudo, a Aids em fase avançada é considerada inscrita na continuidade da vida da pessoa. Essa perspectiva tem como referência os trabalhos que acentuam a noção de permanência da pessoa, independentemente dos transtornos que se operam em sua vida (Ricoeur, 1990), e na idéia de uma pluralidade de registros de ação fundada em uma ordem social legítima e estável, de maneira que todos sejam capazes de qualificar uma situação dada, de reconhecer as representações sociais que lhe estão vinculadas e de empreender os modos de ação para enfrentá-la, segundo as possibilidades e as exigências própria da situação (Boltanski, 1990, Boltanski e Thévenot, 1991).

Em *O si-mesmo como um outro*, P. Ricoeur nos oferece uma base fundamental para compreender como se articula a noção de pessoa com a noção do si, quando se considera a identidade. O autor define a noção de pessoa pela linguagem (o homem falante), pela ação (o homem que age/sofre), pelo relato (o homem narrador, personagem de seu relato de vida) e pela vida ética (o homem responsável). Esses quatro estratos, segundo Ricoeur, correspondem às quatro maneiras de responder às questões: "Quem fala?", "Quem age?" "Quem narra?", "Quem é o sujeito moral da imputação?" Desviando-se da questão "o quê" e "o porquê" o autor introduz, nessa obra, a questão do *si* na noção de pessoa, que, segundo ele, é freqüentemente ocultada pela noção do *mesmo*, no sentido de *idem*, nas teorias sobre o problema da identidade. Esta última sendo geralmente definida pela identidade idem (*mêmété*) privilegia o princípio público ("quoi") e não o princípio privado (*qui*),[4] próprio da identidade *ipsei* (*ipséité*).

Para compreender a problemática do si, P. Ricoeur começa por analisar a pessoa capaz de autodesignar-se e de designar o outro. A designação se faz por meio do corpo, ao qual se atribuem predicados físicos e psíquicos, tornando-o identificável e reidentificável como o mesmo.[5]

Pela teoria da ação, P. Ricoeur analisa a relação entre a ação e seu agente e a articulação entre adscrições (o quê) e imputações (o porquê). A adscrição (atribuição de predicados) consiste em atribuir uma ação a um agente sem necessariamente visar sua responsabilidade, no sentido moral e jurídico do termo, ao passo que a imputação (atribuição de responsabilidade) busca tomar o agente como responsável por suas ações.

P. Ricoeur introduz a identidade narrativa para analisar a dimensão temporal do si e a da ação. É na história

---

4. Idem, p. 45.

5. Essa operação de atribuição de predicados corresponde ao termo adscrição, que é definido por três teses: 1) as pessoas são particulares de base, no sentido de que toda *atribuição* de predicados se faz, em última instância, a corpos ou a pessoas. A atribuição de certos predicados a pessoas não é traduzível em termos de atribuição a corpos. 2) É "às mesmas coisas" — às pessoas — que *atribuímos* predicados psicológicos e predicados físicos; dito de outro modo, a pessoa é a entidade única à qual atribuímos as duas séries de predicados; não há lugar para propor uma dualidade de entidades correspondentes à dualidade dos predicados psíquicos e físicos. 3) Os predicados psíquicos, como a intenção e o motivo, são imediatamente *atribuíveis* a si mesmo e a um outro; nos dois casos, eles preservam o mesmo sentido (cf. 1990, pp. 109-110).

tal como ela é contada que a pessoa encontra sua coesão no encadeamento de uma vida. Ao invocar a identidade narrativa, P. Ricoeur destaca a problemática da identidade pessoal, que só se articula em uma dimensão temporal da existência humana. P. Ricoeur introduz então, a distinção entre os dois modelos de identidade: *mêmeté* (identidade idem) e *ipseité* (identidade ipsem), que asseguram a permanência da pessoa no tempo.

A *mêmeté* (mesmidade) se define pelo caráter, que corresponde à identidade numérica, ou seja, à operação de identificação com a semelhança (conhecer é reconhecer a mesma coisa duas vezes), à identidade qualitativa, que corresponde à semelhança extrema e à operação de substituição (X e Y portam trajes tão parecidos — os mesmos trajes — que é indiferente trocar um pelo outro), e à continuidade ininterrompida entre o primeiro e último estágio do desenvolvimento do que consideramos o mesmo indivíduo. A *ipseité* (ipseidade) é baseada na palavra cumprida em relação com a palavra dada. A justificação ética da promessa se satisfaz a si mesma e assegura uma modalidade de permanência no tempo oposta àquela do caráter, não se deixando inscrever numa dimensão geral de identificação, mas unicamente naquela do "quem".[6]

Em *O si mesmo como um outro*, P. Ricoeur retoma a noção de criação da intriga, tal como é desenvolvida em *Temps et Récit* (1983),[7] para compreender a dialética em

---

6. cf. 1990, pp. 140-144.

7. A criação da intriga implica imitação criativa (ou representação, no sentido de que ela abre ao espaço de ficção) e agenciamento

jogo entre o pólo da identidade *idem* e o da identidade *ipsei* na dimensão narrativa. A noção de criação da intriga permite explicar os diversos acontecimentos e a unidade temporal da história narrada, levando-se em conta os componentes disparatados da ação, as intenções, causas e acasos, e o encadeamento das histórias, enfim, entre a pura sucessão e a unidade da forma temporal.

A dimensão narrativa introduz a identidade narrativa, que mantém juntos os dois princípios da permanência no tempo: o do caráter e o da manutenção do si. Como, então, explicar os casos de perda de identidade, já que o si configurado pelo relato pode ser confrontado com seu próprio desaparecimento? Para resolver essa questão, Ricoeur relaciona as dimensões da linguagem, da ação e da narração com, a dimensão, ao mesmo tempo ética e moral, da ipseidade. É ela que vai permitir ao sujeito da ação, nos casos limite de manutenção do si, uma nova mediação no caminho de retorno para si-mesmo.

A identidade ética e moral é construída a partir da distinção entre a visada ética do si (momento teleológico de herança aristotélica) e a norma moral que afeta o si (momento deontológico herdeiro de Kant). À visada ética corresponde o que Ricoeur chama de estima de si, e ao momento deontológico, o respeito de si. Esses dois termos, ligados à sabedoria prática, resultam na visada ética

---

de fatos. Este último, por seu caráter de coerência e universalidade, dá à intriga sua completude e sua totalidade. A criação da intriga comporta igualmente a idéia de concordância e discordância ligadas à possibilidade de reviravolta da fortuna que pode operar-se até o fim de uma história narrada.

e moral do si.[8] Assim, a dimensão ética e moral da ipseidade se define pelo termo de reconhecimento, que assegura o movimento sobre a estima de si e dos outros como si-mesmo, permitindo ao sujeito da identidade narrativa o retorno para si, no caso em que é posta em causa a identidade.

A abordagem da pessoa assim concebida permite esclarecer a compreensão do laço entre a identidade e o si e explicar a permanência da pessoa quando há perda da identidade, como em uma situação de doença grave. A noção de pessoa comporta a idéia de uma existência em si, caracterizada pela ipseidade, que assegura uma permanência contínua, qualquer que seja a situação, e isso nos conforta na idéia de pensar a doença grave como se inscrevendo na continuidade da vida das pessoas doentes.

Com essa noção procuramos ultrapassar a fronteira entre o antes e o depois, freqüentemente evocada a propósito da vida de uma pessoa que tenha tido uma doença grave, e nos concentrar nesse *continuum* de uma vida que se desenrola do nascimento à morte. Trata-se de mostrar

---

8. Paul Ricoeur demonstra a primazia do ético sobre a moral a partir de três fases do discurso: a visada da vida boa (o que implica a intencionalidade e a iniciativa), a solicitude (o movimento do si em direção ao outro, com e para o outro) e o sentido de justiça (uma relação com o outro baseada no modelo da justiça). Essa constituição em três fases confrontada com o predicado "bom", corresponde à constituição da estima de si na ipseidade. Confrontada ao regime da lei moral, ela implica o respeito de si e do outro como a si mesmo. Confrontada às situações de conflitos, dá lugar à sabedoria prática. Esta última é definida pelo julgamento moral em situação e pela convicção que nela reside.

que, apesar de todas as mudanças que possam ser operadas no plano do corpo físico (com seus predicados psíquicos) e do ambiente social da pessoa doente, há uma parte de si mesma (correspondente à sua ipseidade) que permanece sempre a mesma e, portanto, resiste a toda mudança. É essa permanência de si que permite aos doentes reconhecerem-se no caos engendrado pela Aids e reunir os acontecimentos de sua vida para narrar sua experiência de uma maneira que lhe pareça coerente. A questão que se deve colocar é a seguinte: é possível fazer uma sociologia da pessoa sem renunciar aos constrangimentos de uma disciplina que foi erigida sobre a noção de coletivo? Pensamos que um tal empreendimento é viável desde que as análises sejam centradas na reflexividade manifestada pelos doentes, no momento da entrevista, para reconstruir sua própria história. É a partir dessa reconstituição biográfica que eles podem conservar o domínio da significação que conferem a sua vida e se esforçar para escapar ao estatuto de objeto dos outros. Ao centrar as análises na reconstituição de suas próprias histórias, vamos mostrar como, por dever ser partilhada, essa reconstituição encontra necessariamente a questão da justiça que, por construção, implica o coletivo.

1.2. A pessoa e seu agir no mundo

Após ter definido a noção de pessoa em que nos apoiamos, trata-se agora de tentar ultrapassar os limites da filosofia da compreensão da pessoa para encarar a compreensão de sua ação no mundo. A sociologia analítica desenvolvida por L. Boltanski (1990) e L. Boltanski e L. Thévenot (1991) fornece um ponto de apoio importante para nossas análises. Tomando como ponto de partida o fato de que o homem que age, de que fala Ricoeur, é um homem que se submete a provas de justificação, esses autores procuram analisar o modo de agir das pessoas com o suporte de uma teoria da justiça. Segundo essa teoria, toda pessoa é dotada de uma capacidade metafísica considerada essencial para compreender o laço social. Assim, todos são capazes de qualificar uma situação dada, julgá-la e adotar os modos de ação para enfrentá-la, conforme as possibilidades e as exigências próprias dessa situação.

Eles trabalham com dois modelos que servem de referência à maneira como as pessoas agem: ou a pessoa busca uma equivalência de sua situação particular com o geral (modo baseado no princípio superior comum ou modelo da *cité*[9]); ou a pessoa se coloca em um regime fora de equivalência com o geral (modo de ação baseado no regime do amor como agapé ou no da disputa em violência).

O modelo da *cité*, desenvolvido na obra *De la justification — Les economies économies de la grandeur* (Boltanski e Thévenot, 1991), corresponde a um modelo geral de competências das pessoas para agir no social de maneira coerente e é chamado de modelo de ordem legí-

---

9. A palavra *cité*, no âmbito desse modelo, é dificilmente traduzível. O direito de *cité* (que remete à idéia de *pólis*) em francês indica o direito de cidadania, ou seja, todos são iguais perante direitos e deveres cívicos.

tima (ou modelo da *cité*).[10] Segundo as exigências desse modelo, estamos em regime de paz em justeza quando a equivalência entre as pessoas e as coisas (objetos, convenções, regras, leis, etc.) manifesta-se de maneira tácita, pois as coisas estão ordenadas de modo harmonioso e não reclamam o restabelecimento de uma justiça ou de uma ordem legítima. Ao contrário, no regime de disputa em justiça trata-se de reparar uma injustiça reconhecida. As competências das pessoas são postas em uso no curso das operações ordinárias para argumentar ou justificar uma ação e esforçar-se para sustentá-la diante da crítica. As pessoas se ajustam, então, a princípios de justiça ou a *cités*, em função da lógica da ação na qual elas se engajam para enfrentar uma situação dada.

Mas nem todas as ações demandam justificação. É importante considerar aquelas em que não se pode presumir que as pessoas visam um modelo de justiça. L. Boltanski (1990) qualifica esse modelo como regime de paz em agapé. Nesse registro, a pessoa entra em estados particulares desprovidas do interesse pela equivalência com as regras gerais de identificação.[11]

---

10. L. Boltanski e L. Thévenot (1991) apresentam uma construção de seis princípios de justiça. Esses princípios correspondem às seis *cités* desse modelo: inspiração, doméstica, cívica, renome, mercantil, industrial. Os autores formulam a hipótese de que a cada *cité* (ou princípio de justiça) corresponde um mundo comum, isto é, um conjunto de seres (pessoas, animais, objetos, regras, convenções, leis, etc.) que vai definir a situação e, se for o caso, regulá-la segundo um desses princípios.

11. L. Boltanski cita como exemplo de amor em agapé as obras dos santos desprovidas de qualquer interesse a não ser o amor ao pró-

Nesse regime não se fala mais de grandeza, o desejo é ausente e a justiça é ignorada. Na falta de regras de equivalência geral, a pessoa em estado de agapé garante sua permanência pela referência a si mesma no reconhecimento das necessidades da vida (amar os outros como a si mesmo, Boltanski, 1990, pp. 223-225).

A outra possibilidade de as pessoas entrarem em relação sem passar pelo registro da equivalência é considerada em um regime de disputa em violência. Nesse caso, nenhuma convenção liga as coisas às pessoas. As pessoas, esquecendo as convenções, revelam-se então pela expressão de uma força até o momento desconhecida. Essa "potência desconhecida" realiza-se apenas no reencontro com outras forças.

Esses dois modos de construção da relação do particular com o geral, conforme posiciona-se dentro ou fora da equivalência com as representações sociais gerais, correspondem a duas maneiras diferentes de assegurar a permanência da pessoa: a) a referência a si mesmo ou à potência de sua própria força como ser da natureza, quando se coloca em um dos regimes fora de equivalência (reencontra-se, aqui, a identidade *ipsei*); b) o constrangimento do julgamento retrospectivo sobre as ações realizadas nas situações passadas e a preocupação de reduzir a incerteza sobre o futuro conferindo às condutas de uns e de outros um caráter previsível, quando se coloca em um regime de

---

ximo, notadamente de São Francisco de Assis, que não estabelecia equivalência na sua comunicação com homens e animais. Cf. Boltanski, 1990, op. cit.

equivalência (reencontra-se a noção de caráter que define a identidade idem).

A perspectiva teórica desenvolvida por L. Boltanski e L. Thévenot nos esclarece, por um lado, sobre a relação entre a ação da pessoa e sua articulação com uma exigência de coerência com um princípio geral e, por outro, sobre a questão da eqüidade entre as pessoas quando se encontram em situações que introduzem uma desorganização em suas vidas, como o caso da Aids em fase avançada.

Queremos, assim, articular as diferentes perspectivas da sociologia da doença com a noção de pessoa e seu agir no mundo. Isso nos permitirá mostrar que a pessoa doente é, efetivamente, o ator principal na gestão de sua vida com a doença (Isabelle Baszanger, 1986), mas que, em suas ações, ela não está isenta do exercício de qualificação de sua situação, nem do constrangimento de justificação para agir em coerência com a ordem social e consigo mesma. A possibilidade de eqüidade é dada quando as pessoas podem se realizar por seus atos. Segundo a lógica de ação implicada na justificativa de uma situação, elas podem passar de um registro de ação a outro, de maneira a estar sempre de acordo com as regras de equivalência geral.

Embora os doentes sejam menos equipados para ordenar suas condutas na vida cotidiana conforme o imperativo da equivalência, na entrevista eles se apóiam em ações capazes de lhes abrir a possibilidade de participar integralmente do social, e não como pessoas que, por estarem com uma doença grave, seriam desprovidas de capacidade crítica e de intervenção no social.

1.3. A entrevista como relato na pesquisa sociológica

Na prática do sociólogo, a entrevista é uma modalidade importante de recolhimento de dados. A pedido do pesquisador, as pessoas desencadeiam um processo reflexivo sobre si mesmas e sobre o objeto sociológico que suscita o interesse do pesquisador. É essa qualidade da entrevista que vai caracterizá-la em relação a outros métodos da análise sociológica, como a pesquisa quantitativa, a análise do corpo do texto, a observação de campo e a análise dos objetos.[12] Não obstante, o aspecto ambíguo da entrevista como dispositivo de recolhimento de dados foi sublinhado em diferentes trabalhos.[13] Os problemas mais lembrados a propósito do uso da entrevista são: a neutralidade do entrevistador, as empatias que se criam entre o entrevistado e o entrevistador e o grau de validade do que as pessoas narram. Sensível a essas ambigüidades, a sociologia clássica insistiu na "ilusão da transparência" dos fatos sociais e no perigo da compreensão espontânea na análise das entrevistas.[14]

Com efeito, quando se trata de narrar sua vida em resposta a uma solicitação, a pessoa se faz mestre dessa vida, de maneira diferente do que ela realmente é. Cabe a ela

---

12. A propósito do lugar dos objetos como fonte de informação sociológica, ver B. Latour e S. Woolgar, 1979; B. Latour, 1985; L. Boltanski e L. Thévenot, 1991; N. Dodier, 1991.

13. Ver principalmente Alain Blanché et alii, 1985; Laurence Bardin, 1977; Jean-Claude Passeron, 1989.

14. Cf. Pierre Bourdieu, Jean-Claude Chamboredon, J. C. Passeron, 1968 (ed. 1980).

selecionar os acontecimentos e estabelecer os laços entre eles, de modo que o resultado seja uma história coerente e plena de sentido. Essa tarefa é possível porque ela encontra o interesse e a cumplicidade do pesquisador.

É justamente por ter um interesse preciso na informação dada, que o pesquisador deve afirmar esse interesse profissional numa lógica em que o outro é informante potencial. Os objetivos da entrevista são explicitados previamente, permitindo que entrevistador e entrevistado se envolvam em uma situação definida de saída: um tem a palavra, o outro ouve e coloca questões. Os objetos que intervêm na entrevista, como o gravador, a folha com as questões e o objetivo já explicitado, são garantias de que a palavra tem importância, de que será ouvida novamente, talvez difundida. O exercício feito pelo informante para ordenar um discurso de forma coerente não é livre dessas interferências.

A questão que nós colocamos a esse respeito foi a seguinte: qual é a pertinência da utilização da entrevista na investigação de como os doentes reagem em seu cotidiano com a Aids? De fato, freqüentemente o pesquisador é confrontado com pessoas do círculo do doente ou do serviço médico que afirmam que o relato dos doentes não é verdadeiro. Diante dessas questões, qual é a pertinência de deduzir as condutas dos doentes para viver com a Aids em fase avançada, a partir do propósito afirmado em uma entrevista?

Pensamos que a entrevista, como instrumento para compreender a experiência dos doentes de Aids, pode ser incluída na categoria geral de relato, que, segundo Ricoeur, compreende a narração de toda uma vida, de pequenas cenas e acontecimentos (Ricoeur, 1983). O relato pode ser definido pela noção de uma "história que se pode seguir". A idéia de P. Ricoeur é que todo relato se explica por si mesmo e é diferente das provas materiais que o justificam. Por isso a entrevista se enquadra nessa categoria: a pessoa é levada a reunir no tempo da entrevista os acontecimentos múltiplos e dispersos de sua vida, e integrá-los em uma história completa. A Aids é o objeto da intriga que dá lugar a essa reunião sob a forma de relato.

Ao considerar a entrevista como uma modalidade de recolhimento de dados incluída na categoria de relato, nossa intenção não é analisar as operações de confecção do relato por meio da criação da intriga na entrevista, mas sim utilizar a noção de relato para entender as ações dos doentes e a validade do que eles narram sobre sua experiência com a Aids. Uma das idéias contidas na noção de relato é que as pessoas narram coisas que têm como verdadeiras (Ricoeur, 1983). Nessa postura, a questão da verdade do relato não se coloca, pois a análise do sociólogo se baseia nos atos como são narrados e não se pode pretender mais verdadeira que a fala dos doentes (Dodier, 1990).

Esse método está relacionado com a perspectiva sociológica de L. Boltanski, para quem pedir a uma pessoa que nos confie sua biografia consiste não somente em pedir-lhe um relatório de sua vida, mas também, mais precisamente, em submetê-la a uma prova de coerência. Essa perspectiva, afirma o autor, é totalmente adequada para analisar as situações em que as pessoas se empenham em operações para se pôr em equivalência com uma ordem geral. Assim, é inicialmente no domínio da reconstrução da identidade que ela foi utilizada, pois nesse domínio "os atores desencadeiam uma intensa atividade interpretativa e processual" (1990, p. 128).[15]

O pesquisador deve acompanhar as ações das pessoas por onde elas o levam no momento do relato. Isto é, ele deve reconhecer os seres que são postos em destaque pela descrição da situação e a maneira como se relacionarão uns com os outros, para chegar a uma forma de resolução da situação narrada. Nós transportamos esse argumento para o terreno da compreensão das condutas dos portadores de Aids em fase avançada. As explicações das situações que nascem desse processo de reconstrução de si baseiam-se nos esforços dos doentes para selecionar, julgar, deixar coisas de lado, incluir outras, compor elementos, separá-los, servir-se das intenções e dos acasos, tudo de modo a dar coerência e sentido à sua história — não a história vivida, mas a história narrada. Assim, tentamos considerar o postulado sociológico de que se tudo é relato, então é preciso dirigir a atenção para os constrangimentos que pesam na confecção do relato.

---

15. Como a abordagem etnometodológica, essa perspectiva considera frágil a demarcação entre as interpretações sociológicas e as da vida ordinária (N. Dodier, 1985, 1987; Alain Coulon, 1987). Contudo, a teoria de L. Boltanski e L. Thévenot se distingue da abordagem etnometodológica ao exigir que o sociólogo dirija sua atenção para a maneira como as pessoas se apóiam em generalidades para qualificar as circunstâncias segundo a equivalência com modos de competência geral.

2. A formação da coerência da pessoa

2.1. O efeito da doença grave na formação da coerência da pessoa

Anunciamos, na introdução, que o exercício de reconstrução biográfica realizado durante a entrevista apresenta-se para os doentes como possibilidade de assegurar sua continuidade identitária. Denominamos formação da coerência da pessoa o trabalho que eles empreendem para nos consagrar uma história coerente e plena de sentido.

Uma das dimensões da noção de formação da coerência da pessoa corresponde ao efeito da enfermidade sobre a maneira como os doentes encaram a vida. A ameaça de morte que a doença representa os leva a fazer um trabalho sobre si mesmos para dar um sentido à sua situação presente — o que implica reinterpretar diferentes aspectos da vida à luz dessa situação. Veremos que muitos doentes pensam que a Aids lhes traz uma consciência que não é dada àqueles que não são doentes. Em função desse conhecimento, eles podem encontrar uma maneira de agir no social em coerência com sua situação de doente.

Apoiamo-nos na hipótese de que a atuação dos doentes em coerência com sua situação de doença está ligada à idéia de potência contida na noção de pessoa. Isso significa que, antes de realizar-se pelos atos, a possibilidade de ação de uma pessoa permanece incognoscível em sua totalidade, inclusive para a própria pessoa que age (Boltanski, 1990). A idéia de potência se une, portanto, à noção de pessoa em sua dimensão ética (Ladrière, 1991; Ricoeur, 1990) e à idéia de uma ordem social estável e previsível, de modo que cada um seja capaz de reconhecer e qualificar uma situação e envolver-se nas ações para responder a ela de maneira coerente.

Essa dimensão da pessoa, irredutível e incognoscível em sua totalidade, intervém na situação da doença quando ela se sente mais frágil e menos autônoma. Assim, os doentes podem se situar em relação à doença, apreender uma possibilidade de ser nessa situação e agir em conformidade com ela.

2.2. O lugar do relato na formação da coerência da pessoa

O outro aspecto da noção de formação da coerência da pessoa se refere ao trabalho que os doentes realizam para reinterpretar suas experiências no tempo e narrá-las. A reorganização das experiências permite traduzir a idéia de permanência contínua da pessoa, apesar dos abalos provocados pela Aids. Assim, a situação de entrevista dá lugar a uma elaboração que constitui um elemento importante e eficaz de recomposição da identidade e reordenamento de si.[16] Quando os doentes narram os eventos anteriores à infecção pelo HIV, à luz desse próprio evento, eles conseguem restabelecer o elo entre o passado e o presente com a doença e reconhecer-se numa continuidade identitária. O exercício de testemunhar exige que eles façam uma seleção dos atos, que avaliem a pertinência de cada um deles segundo sua conseqüência e se-

---

16. Por uma razão metodológica, mas também ética, perguntamos aos doentes como percebiam nossa conversa. Salvo um deles que a achou tediosa, todos disseram ter passado um bom momento, pois não falavam sobre esse tema com ninguém e falando era possível colocar ordem no espírito. Vários afirmaram estar dispostos a retomar a conversa se necessário.

gundo uma exigência moral intemporal (Boltanski, 1990). Por meio do próprio exercício de seleção desses atos, eles se envolvem em operações que os põem em equivalência com uma ordem geral. Na verdade, uma das características da situação de entrevista é que ela constitui um instrumento de justificação e de denúncia. A importância do trabalho de análise é ressaltar os objetos de justificação e de denúncia e reuni-los no conjunto do relato. Esse procedimento põe em evidência a parte da justificação e da denúncia na permanência da identidade de uma pessoa. É possível perceber o passado no presente pelo tipo de justificação e de denúncia implicada no relato.

Veremos que, quando os doentes evocam suas experiências no tempo, evocam a descoberta da homossexualidade e o difícil processo para aceitá-la. Pode-se, assim, reconstituir o caminho realizado por eles na aceitação de sua homossexualidade antes de reivindicá-la diante de toda a sociedade. Na dimensão narrativa, esse momento de reivindicação liga-se ao aparecimento da Aids. Os doentes experimentam, então, o sentimento de uma grande injustiça diante da contaminação pelo HIV. Essa questão, ligada ao fato de o vírus poder conduzir à morte, levou-nos a refletir sobre a necessidade que as pessoas infectadas têm de recuar na cadeia de imputação para encontrar aqueles que seriam responsáveis por sua situação. Contrariamente aos casos de sangue contaminado,[17] os doentes in-

---

17. O caso do sangue contaminado se refere à contaminação das pessoas hemofílicas e das que fizeram transfusão de sangue. Em diferentes países da Europa, as pessoas contaminadas por via sangüínea foram indenizadas pelo Estado, tido, em última instância, como responsável pela contaminação.

terrogados não atribuem a ninguém a responsabilidade de sua contaminação pelo HIV.

Percebemos, então, que esse sentimento de injustiça já era experimentado a propósito da experiência homossexual no passado. Na busca de sentido para sua homossexualidade, eles se envolvem em um tipo de ação dirigida para a denúncia da maneira como a sociedade, segundo eles, encara a homossexualidade. Se na vida cotidiana preferem optar pelo silêncio e pelo segredo a respeito de sua doença e de sua origem, na entrevista tomam a palavra para falar do que vivenciaram e do que vivenciam enquanto homossexuais e doentes de Aids. O ato de denúncia permite a identificação com outros homossexuais, doentes ou não de Aids. A denúncia se mostra um elemento eficaz de recomposição da identidade porque acentua o laço existente entre a identidade coletiva e o si. Na problemática da identidade, uma maneira de assegurar a permanência de si é sair da singularidade e falar em nome de outras pessoas para atingir um nível mais geral de identificação (Boltanski, 1990).[18]

Por outro lado, veremos que, para descrever seus sentimentos, muitos doentes se colocam em uma situação de verdade e, nesse momento, não buscam uma identifica-

---

18. Segundo Boltanski (1990), o ato de denúncia pode ser relacionado há pelo menos três maneiras diferentes (mas não exclusivas) de se ligar a si mesmo por intermédio dos outros: a) o vínculo com uma categoria juridicamente garantida por um título escolar ou profissional; b) a identificação com um coletivo, cujo vínculo é adquirido por meio de um trabalho constante, realizado ao longo dos dias pela própria pessoa; c) a identificação com uma pessoa que encarna, ela própria, um coletivo.

ção com o outro para assegurar sua continuidade identitária. Eles tentam se reconhecer nas mudanças e se apoiar nesse reconhecimento para assegurar sua continuidade. É no plano ético e moral que se inscreve a capacidade da pessoa de assegurar sua continuidade identitária. No instante da confrontação da identidade narrativa com a dialética entre o si e a identidade coletiva, a identidade ética requer uma pessoa responsável, pois responde por seus atos na configuração da própria história (Ricoeur, 1990).

A questão que deve ser posta é se é possível, a esse ponto, confiar na capacidade da entrevista de constituir um relato. A resposta é afirmativa se considerarmos que a situação de entrevista permite aos doentes exprimir seus sentimentos íntimos, chegando a socializar o que dificilmente é observável e mensurável.

Se acreditarmos que um acontecimento não narrado não constitui um acontecimento, podemos pensar que a entrevista implica uma validação do que os doentes sentem após a doença. O efeito da enfermidade sobre a maneira como encaram diferentes aspectos da vida é exteriorizado pela palavra e, assim, permite alcançar o outro. Segundo P. Ricoeur (1983), o relato se completa no leitor. É ele quem vai validar os propósitos firmados no momento do relato. Do mesmo modo, na hora da entrevista, o outro, o pesquisador, escuta o que os doentes narram e, por esse ato, valida os sentimentos que eles experimentaram depois da doença.

Capítulo II

A ESTABILIDADE DA IDENTIDADE PELO COMPARTILHAMENTO DE UMA HISTÓRIA COMUM

Em uma perspectiva sociológica, sublinha M. Pollak, o tema da identidade torna-se objeto de análise incontornável toda vez que o estudo trata de situações em que as pessoas concernidas devem se situar diante de uma nova conjuntura (Pollak, 1990). Isto significa redefinir suas ações e as interpretações delas decorrentes, para responder às novas exigências práticas e de significação.

Para alguns doentes, a identidade é abalada quando todo o universo que os cerca começa a desintegrar-se: a perda dos amigos e o medo de freqüentar locais de encontro ajudam a destruir o modo de vida homossexual que eles próprios haviam construído. O sentimento de vínculo com um grupo de destino (Pollak, 1988, 1990) e as interrogações a respeito desse grupo estão na origem da oscilação da identidade. O sentimento de pertença apresenta-se como uma possibilidade importante para assegurar a identidade abalada pela doença.[1]

Na hora da entrevista cada doente reconstrói a própria história, que não pode ser desvinculada da homossexualidade. Por isso, a história pessoal dos doentes se reporta também a uma história geral, comum a todos os homossexuais. Estar contaminado pelo HIV é, assim, inscrever-se na história de um grupo — o dos homossexuais[2] — e na história de uma geração — aquela saída dos movimentos de contestação dos anos setenta, que, por conseguinte, é correntemente chamada geração Aids.

É fato que as doenças graves levam a pessoa a atribuir-lhes um sentido lançando mão da própria história (Herzlich 1984; Williams, 1984). Assim, é coerente que o doente relacione a Aids com sua condição homossexual. Dar um sentido à sua doença significa interrogar-se sobre o sentido da própria vida, e, nesse caso, a experiência de ser atingido por uma doença grave independe da orientação sexual. No entanto, o esquema próprio à in-

---

1. Essa alternativa existe porque os homossexuais constituíram-se como grupo desde os anos 70, no decorrer do movimento de liberação homossexual. Nesse sentido, é possível fazer uma relação com os usuários de drogas intravenosas, para quem, diante da Aids, a alternativa de reconhecer-se pela pertença ao grupo de toxicômanos foi mais problemática. Essa alternativa apareceu mais claramente com a irrupção da doença (Laurindo da Silva, 1998).

2. Com efeito, quando a Aids surgiu e se falava em "câncer gay", ela foi associada a um grupo. Nesse caso, a pessoa é obrigada a gerir sua relação com esse grupo e a inscrevê-la em sua própria história (Pollak, 1988).

fecção pelo HIV leva os doentes a se interrogarem sobre sua homossexualidade e a operar escolhas em relação a ela a fim de manter a coerência de si.

O vírus da Aids contamina a pessoa e a faz revelar-se e reconhecer-se diante de si e do outro: ele a designa como portadora de Aids e homossexual. Os que se reconhecem homossexuais não podem evitar a ligação entre a doença e a sexualidade reivindicada. Os que não se reconhecem e os que escondem sua orientação sexual vêem sua intimidade desvelada pelo vírus e, doravante, não podem mais escapar do enunciado contido nesse desvendamento, quer eles o aceitem ou não.

O movimento homossexual em São Paulo, assim como nos Estados Unidos e na Europa Ocidental, foi fortemente marcado pela busca de identidade (MacRae, 1990; Pollak, 1982), que se manifesta por um sentimento forte e positivo de aceitação de sua sexualidade. Esse movimento se apropriou da imagem estigmatizada do homossexual para revertê-la em elemento favorável e mesmo portador de certo prestígio, reapropriando, assim, do poder sobre os princípios e a avaliação da homossexualidade (Bourdieu, 1980).

Mas nem todas as pessoas dessa orientação se reconhecem no modelo "gay" saído do movimento de liberação homossexual. É o caso de homens que praticam sua homossexualidade de maneira reservada, bissexuais, michês[3]

---

3. O termo michê é utilizado para designar os garotos de programa que praticam relações sexuais e/ou afetivas com homens em troca de dinheiro e/ou presentes, sem forçosamente por em questão sua heterossexualidade. Ver a esse respeito N. Perlonguer (1987).

— que, para responder à demanda do mercado de prostituição, exibe uma aparência masculina e quase sempre uma identidade heterossexual, e dizem ter sido conduzidos à prostituição por razões econômicas — e travestis — que, por opção de vida, buscam tornar-se mulher por meio do vestuário e de tratamentos hormonais, ficando à margem do universo homossexual.[4]

A diversidade das práticas homossexuais e de suas respectivas interpretações nos impede de falar em uma identidade homossexual, que igualaria a todos. No entanto, a noção de pertença a um grupo de destino, definido pela questão da homossexualidade, revela-se um recurso identitário importante na formação da coerência da pessoa. Os dados põem em evidência a consciência comum de uma diferença que une todos os homossexuais, doentes ou não, em um grupo de pertença, que traz como signo distintivo o amor e a atração física por pessoas do mesmo sexo. Quando se tornam doentes, é essa pertença que é invocada, tornando-os diferentes de outras categorias de portadores da Aids. A lembrança da discriminação que vivenciaram por causa de sua sexualidade e o sentimento de injustiça pela contaminação pelo HIV solidificam ainda mais esse sentimento de pertença, mesmo que eles não se reconhecem no modo de vida de todos nesse grupo.

---

4. Em uma tentativa de classificação dos 40 doentes entrevistados conforme sua relação com a homossexualidade, pudemos identificar 29 de orientação "gay" (o que implica uma reivindicação da homossexualidade), 5 reservados (com dificuldade em aceitar a homossexualidade), 3 bissexuais, 2 travestis e 1 michê (bissexual).

Através desse sentimento de pertença, os doentes sentem necessidade de se reconstruir em relação ao grupo homossexual. Para isso, precisam reconstruir o lugar da homossexualidade na própria vida e seu sentido mais geral. Nesse trabalho de reconstrução eles enfrentam o fato do grupo homossexual aparecer como sendo designado quando a Aids foi associada à homossexualidade. Nesse enfrentamento eles são obrigados a ir além de si mesmos para partilhar seu destino com outros doentes, homossexuais ou não.

No seu livro *Les homosexuels e le sida*, M. Pollak (1988) considera o processo de recomposição identitária dos doentes de Aids pelo engajamento em uma causa geral a partir de suas experiências singulares. Segundo Pollak, é bem mais difícil para os doentes dotar de sentido a Aids fora desse engajamento, que se efetua mais freqüentemente nas associações de luta contra a Aids ou por meio de entrevistas e publicações.

Do mesmo modo, Kent L. Sandstrom (1990) afirma que a participação em grupos de apoio a portadores de HIV permite que os doentes criem elos sociais novos e experimentem sentimentos de identificação coletiva ligados à Aids. A característica fundamental do grupo é ajudar as pessoas atingidas pelo HIV a reconstruir as significações atribuídas à Aids e a integrar concepções valorizadoras de si.

Por outro lado, D. Carricaburu e J. Pierret (1992) observam que a história coletiva dos hemofílicos e dos homossexuais permite aos soropositivos situarem-se e dar um sentido à própria contaminação. No entanto, segundo essas autoras, os homossexuais soropositivos recompõem sua identidade conforme três dimensões, que não se referem à homossexualidade: o interesse renovado pelo trabalho, novas prioridades em relação à própria vida e o reconhecimento pelos outros das mudanças operadas tanto no nível pessoal e relacional quanto no profissional.

Veremos que a homossexualidade se mostra um elemento eficaz para analisar a questão da identidade quando é relacionada a uma história comum à maioria dos homossexuais. Todavia, de acordo com nossos dados, a identificação com uma história comum a outros homossexuais não está ligada unicamente à história da geração saída do movimento de liberação homossexual. Do mesmo modo, os doentes não buscam dar um sentido à sua doença pelo engajamento em associações de luta contra a Aids. Mas eles narram suas experiências homossexuais no tempo, e as análises destacam denominadores comuns nessas experiências — como o sofrimento experimentado quando se descobrem homossexuais. Sem estar preparados para as diversas escolhas possíveis em matéria de sexualidade, no momento dessa descoberta, enfrentam a questão de se reconhecer fora da normalidade.

A dificuldade em aceitar sua sexualidade está ligada ao fato de que o homossexual, desde a infância, é capaz de reconhecer e interpretar as representações sociais a propósito dos comportamentos sexuais em geral e de avaliar as implicações dessa aceitação. A dificuldade em aceitar-se homossexual tem como corolário vários parâmetros: conflitos interiores, sexuais e sociais ligados à questão da normalidade. Diante da diversidade dos comportamentos homossexuais, o sentimento de pertença a um grupo no qual a pessoa pudesse se reconhecer, facilitando a aceitação de sua sexualidade, não é evidente; cada um precisa de um trabalho individual para reconhecer e aceitar sua homossexualidade.[5]

Para assumir e aceitar a própria homossexualidade, as pessoas são obrigadas a reinterpretar as representações sociais relativas à sexualidade. Segundo o relato dos doentes, a necessidade de um trabalho se faz sentir desde a adolescência, quando enfrentam a idéia de que um rapaz deve sair com moças, mesmo sentindo atração por homens. Eles tentam superar essa situação com a primeira experiência com pessoas do mesmo sexo. Para a maior parte, esse passo será decisivo para assumir a homossexualidade, mesmo que nem todos a aceitem completamente.

A história individual assim partilhada remete a uma causa comum: a homossexualidade mais aceita por todos para evitar os sofrimentos ligados a ela.[6] É, então, à revelia que se percebe a identidade. Só é possível falar de

---

5. Hoje, pode-se pensar que manifestações como o "Dia do Orgulho Gay" contribuem de maneira decisiva para a visibilidade "gay" e facilitam a identificação de jovens com outros homossexuais.

6. A questão do sofrimento, como é relatada aqui, está ligada à dificuldade da pessoa em reconhecer-se e fazer-se reconhecer na norma, principalmente no momento da descoberta da homossexualidade. Todavia, seria um erro esquecer a história do movimento "gay" e os temas que desenvolveu, principalmente em relação à sexualidade livre e a vivência plena da homossexualidade. Nesse caso, a geração da liberação homossexual não viveu permanentemente o sofrimento da não-conformidade com a norma social e o interdito.

identidade, referindo-se à pertença homossexual, considerando esse denominador comum nas histórias individuais. De acordo com os relatos, para que cada um pudesse se reconhecer desde a origem de sua homossexualidade, foi preciso uma incessante reafirmação como ser humano não determinado apenas pela sexualidade. Essa necessidade liga-se ao fato de que, depois de revelada a homossexualidade, eles passam a ser encarados segundo essa identidade redutora.

Os estudos mostram que a estabilidade de uma identidade precisa tanto do reconhecimento dos outros como o de si mesmo.[7] O que se torna um problema para os homossexuais é a dificuldade de aceitação de sua homossexualidade pelos outros. Esse reconhecimento, às vezes, se junta com o fato de não falarem dela sistematicamente. Assim, podem reconhecer e aceitar sua sexualidade, mas, em alguns momentos, enfrentam o embaraço da revelação inesperada, ou mesmo da discriminação que ela implica.

Antes da Aids, a maioria dos doentes levava, em várias circunstâncias, uma vida dupla. Revelada a homossexualidade pela doença, essa duplicidade torna-se desnecessária. Entretanto, a revelação é seguida de uma degradação física e uma mudança em seu estatuto social.[8] No momento em que a homossexualidade é reconhecida, eles estão no infortunio e sem as capacidades físicas que

---

7. Sobre essa questão, ver principalmente E. Golffman, 1975 e 1973.

8. Deve-se pensar essa degradação do estado físico e social no contexto da doença em 1988, como foi sublinhado na introdução.

fazem deles seres ativos na sociedade. A permanência da pessoa se vale do que resta de efetivamente mobilizável em uma tal situação: afirmar a escolha de sua homossexualidade e denunciar o que não lhe permitiu estar na norma. Ao falar de suas experiências individuais, eles denunciam o que não se deve repetir com os outros. Falar da experiência individual significa falar em nome de todos os que se reconhecem homossexuais. A mensagem deve ir além do próprio grupo para atingir um público mais amplo. Desse ponto de vista, pode-se dizer que os doentes caem, de maneira incontornável, no jogo do testemunho: falar em público sobre suas vivências enquanto homossexuais e doentes de Aids ou silenciar. Diante desse duplo movimento, remontando à própria história e à condição de outros homossexuais, eles asseguraram sua identidade social e pessoal no processo de formação da coerência da pessoa.

1. Uma história comum compartilhada

"Não se nasce homossexual, aprende-se a sê-lo". (Pollak, 1993, p. 184). Essa afirmação de M. Pollak não corresponde completamente à opinião da maioria dos doentes. Com efeito, aprende-se a ser homossexual pelo reconhecimento dos desejos sexuais por uma pessoa do mesmo sexo, pelo encontro com outros homossexuais, pela satisfação encontrada na primeira experiência homossexual. No entanto, a maioria dos doentes é unânime quanto ao fato de ter nascido com essa condição. Eles dizem ter consciência de sua homossexualidade desde a infância — alguns, desde a adolescência. Perceber a homossexualidade como inscrevendo-se em si mesmo desde o nascimento, não significa que a pessoa possa reconhecer-se e aceitar-se facilmente.

Os depoimentos dos doentes corroboram outras análises sobre o tema, segundo as quais, o *coming out* (reconhecimento e aceitação da homossexualidade) é resultado de um processo que freqüentemente se situa entre a adolescência e os trinta anos (John Hart e Diane Richardson, 1983; Pollak, 1982 e 1993). Se a homossexualidade implica um aprendizado, as idéias e práticas homossexuais têm de ser postas em relação com as representações sociais sobre a sexualidade. É importante, por isso, considerar as concepções de homossexualidade próprias das diversas épocas, regiões geográficas, culturas e classes sociais.[9] Dessa maneira, afasta-se a idéia da homossexualidade como uma essência fazendo parte da natureza de algumas pessoas, o que M. Pollak parecia querer evitar por sua afirmação.

Segundo os relatos, os primeiros sentimentos homossexuais puderam ser vivenciados sem culpabilidade por alguns, com pesar por outros, mas dificilmente de maneira inteiramente aberta e feliz. Só mais tarde, passada a primeira experiência, ou no momento da descoberta do amor por um outro homem, puderam deixar aflorar sua

---

9. Por exemplo, em certas classes sociais e certas regiões do Brasil, assumir um papel ativo durante o ato sexual é sinal de virilidade. Do mesmo modo, a pedofilia não é considerada um ato homossexual em certas culturas, como a greco-romana ou a muçulmana por exemplo. Ver, sobre isso, Michel Foucault, 1976; P. Fry, 1982; Fry e MacRae, 1983; R. Mendes-Leite, 1988.

sexualidade, mesmo que alguns guardem sempre o sentimento de não estar em conformidade com a norma social e, muitas vezes, releguem a questão de sua sexualidade ao domínio do não-dito.

1.1. A homossexualidade: um fato a ser justificado

A maioria dos doentes adotou o modelo de vida "gay" e pôde viver uma experiência homossexual feliz e sem conflito. Todavia, eles nunca consideram sua homossexualidade como uma escolha. Para falar de sua homossexualidade, remontam aos primeiros sentimentos homossexuais, evocam suas primeiras percepções a esse respeito e as justificam pela história familiar, individual e social de cada um: *"Descobri minha homossexualidade com dezessete anos. Isso não foi um problema para mim porque sofria de uma carência muito grande. Depois da doença é que penso muito em minha homossexualidade. Aliás, eu a descobri pelo amor a um homem muito mais velho que eu, que poderia ser meu pai. Acho que isso foi uma grande coincidência porque meu pai não se entendia com minha mãe, não dava atenção aos filhos e nos deixou quando eu tinha quinze anos. Acho que minha homossexualidade está ligada a isso"* (cabeleireiro, secundário, 27 anos).

Para esse doente a explicação da origem de sua homossexualidade é de ordem psicológica. Aos seus olhos, sua homossexualidade se justifica porque preenche uma função afetiva no quadro familiar.

Para outros, a homossexualidade faz parte da própria essência: *"Eu nasci assim, não me transformei. Meus pensamentos eram sempre voltados para isso. Quando meus irmãos começaram a sair com meninas, eles me discriminavam, mas minha mãe percebia e sempre me ajudava. Eu fazia minhas próprias bonecas. Jamais me culpei e isso jamais foi um problema"* (auxiliar de costura, secundário, 40 anos). A homossexualidade faz parte de sua própria natureza, mas é no seu ambiente, no apoio da mãe, que ele busca a aceitação desde pequeno. Os doentes cujas mães perceberam cedo a homossexualidade e os apoiaram, são os que mais afirmam ter vivido a descoberta da sexualidade sem conflitos. Geralmente, contaram com a benevolência delas, que tentavam protegê-los de eventuais discriminações, dentro ou fora da família.

De ordem psicológica ou biológica, a justificativa se funda em explicações científicas que procuram evitar tratar a homossexualidade como desvio social (Becker, 1988) — o que tornaria a pessoa responsável por sua homossexualidade. Todavia, outros doentes não buscam em fundamentos de base científica a explicação de sua sexualidade, mas a colocam na ordem da predestinação: *"Minha homossexualidade, eu a notei desde o dia em que nasci, pois fui rejeitado. Minha mãe ia abortar, mas no dia em que ela ia fazer isso, viu uma serpente numa árvore que lhe disse: 'Não me mate, sou o anjo da guarda do teu filho e lhe serei muito útil.' Minha mãe ficou com muito medo e eu nasci. E o único modo que encontrei para sobreviver foi ser homossexual. Senti isso nos primeiros momentos da minha vida"* (estilista, superior, 44 anos).

Nesse exemplo, a origem da homossexualidade está ligada a um acontecimento anterior ao nascimento. Ela escapa às explicações de ordem psicológica e genética e não é considerada desvio social, mas se inscreve na ordem da inspiração (Boltanski e Thévenot, 1991). O anjo coloca o acontecimento narrado pela mãe em uma dimensão fora de julgamentos. A homossexualidade constitui a prova desse acontecimento, no qual ele formava uma trindade com o anjo e a serpente.[10]

Assim como as explicações de base científica, a explicação pela predestinação coloca a homossexualidade fora da responsabilidade da pessoa. Todavia, na ordem da inspiração, onde se pode encontrar a figura do anjo, aparece também a figura do demônio, que, conforme a interpretação, pode estar na origem da homossexualidade: *"Sou do signo de sagitário, que é metade homem, metade animal, e acho que isso tem uma associação com a homossexualidade, porque minha tendência sempre foi essa. Sempre ouvi dizer que isso era um pacto com o demônio, com o tempo acabei dizendo para mim mesmo: 'Está bem! Estou perdido para o demônio.' E continuei minha vida. Minha tendência é essa. O que posso fazer? Não posso lutar contra minha natureza"* (peixeiro, primário, 36 anos).

---

10. Para uma perspectiva de análise sobre a capacidade das pessoas de participar de acontecimentos que "colocam em fase recíproca seres humanos e seres sobrenaturais", ver Elisabeth Claverie, 1990, 1991. A autora acentua a maneira como os atores estabelecem distinções críticas, instauram e utilizam categorias cognitivas para julgar os acontecimentos. Essa perspectiva contesta toda explicação da crença como alienação ou ignorância, para tematizá-la como modo de relação com o real.

É à revelia que esse doente aceita sua homossexualidade. Para admitir suas disposições sexuais como parte de sua natureza, está prestes a concordar com as explicações que lhe são imputadas, mesmo que apelem para o mítico e para as forças maléficas na ordem do sagrado, onde o demônio corresponde ao lado escuro e se liga aos erros cometidos nesse mundo.

Assim, observamos que em todos os casos citados a homossexualidade é um fato a ser justificado, e, qualquer que seja a explicação, os doentes a colocam fora da própria responsabilidade.

1.2. Da descoberta à primeira experiência amorosa

Os doentes explicam sua homossexualidade e narram como foi a primeira experiência amorosa. Nesse momento, é possível observar uma certa regularidade nos relatos. Independentemente da origem social, da idade em que a pessoa tomou consciência da própria sexualidade e do esquema retido para justificá-la, a maioria deles não pôde dar seqüência ao seu sentimento homoerótico sem ser tomado pela impressão de agir fora da norma. Assim, o doente que explica sua homossexualidade como predestinação ligada a um ato da mãe, continua a nos falar sobre sua experiência homossexual: *"Foi conflituoso. Quando cheguei à puberdade, fiz promessas, procurei a ajuda no espiritismo, mas não adiantou nada. Ia ao cinema e os homens mais velhos passavam a mão em mim: era isso que eu queria. Entrei nesse mundo de miséria porque não tinha informação, mas consegui, dentro des-*

se limite, tornar-me um grande homem" (estilista, superior, 44 anos).

É possível crescer e se desenvolver aprendendo a ser homossexual, o que pode levar o doente a encontrar uma altivez identitária enquanto ser humano.

Os relatos se assemelham quanto à falta de informação e à impossibilidade de falar desse sentimento com os pais ou outras pessoas que lhes poderiam ter dado uma explicação sobre o que sentiam e mostrado que não eram os únicos a viver essa experiência.

Um outro doente fala a respeito de sua homossexualidade: *"A percepção de minha homossexualidade foi uma coisa muito dura, que enfrentei totalmente sozinho, por preconceito e falta de informação. Eu saía com meninas pensando que podia me curar. Não compreendia essa história de amar, de tocar os homens e ser tocado por eles. Foi uma coisa muito dura, que, agora eu sei, poderia ter sido evitada se eu tivesse conversado com minha mãe. Meu irmão é homossexual e já havia passado por isso. Minha mãe diz que sua maior tristeza é meu irmão não lhe ter confessado sua homossexualidade. Mas ela não percebe o que eu sofri. Ela acha que meu irmão abriu o caminho para mim, mas ele era uma pessoa reservada e não falava comigo. Ele não me ajudou. Agora, sim, ele se tornou mais próximo de mim"* (estudante, 23 anos).

Esse relato mostra que o trabalho de reconhecimento e aceitação da homossexualidade é um caminho que cada um deve percorrer sozinho. O apoio das pessoas próximas é importante nesse processo, mas a maioria dos doentes não lhes revela sua orientação sexual — a não ser quando o trabalho individual de aceitação está realizado.

A denúncia do peso das normas sociais reaparece freqüentemente nos relatos. No momento da descoberta da homossexualidade, alguns têm dificuldade em situar-se em relação ao gênero sexual e põem em questão a própria existência: *"A descoberta é difícil. Eu não sabia nada, mas tinha atração por homens, tinha uma tendência clara, sabia o que era ser homossexual. Então tentei o suicídio; tinha medo de me transformar. Era complexado até pelo meu jeito de andar. Apesar de ser normal, forte, não tinha ninguém que me informasse. Com dezoito anos, vi que tinha gente como eu e me senti feliz. Isso aconteceu na primeira vez que fiz amor. Isso me marcou!"* (pintor, superior, 31 anos).

Mais tarde, identificando-se com outras pessoas, esse doente pode retornar sem conflitos à sua identidade masculina. Graças à primeira experiência, ele reconhece e assume sua homossexualidade. É um passo que a maioria dará em determinado momento, para ser coerente com os próprios sentimentos.

No momento da descoberta da homossexualidade, alguns doentes são tomados pelas representações sociais que veiculam a imagem da "bicha" como se fosse a de todos os que têm atração por outros homens. Freqüentemente, eles tiveram suas primeiras experiências sexuais com mulheres, experimentando um sentimento de revolta com sua situação: *"Descobri minha homossexualidade muito pequeno. Sentia que havia algo diferente, eu era tímido. Tinha muitas dificuldades e crises. Comecei a sair com uma mulher, mas sentia que aquilo não era justo, que não podia durar. É muito difícil: a gente se sente diferente dos outros garotos e dos amigos. Há sempre um momento em que as pessoas percebem e a gente sofre humilhação. Mesmo não assumindo, há sempre alguém que percebe. Não se pode ser como todo mundo. Os outros podem casar, ter filhos, morar com as pessoas amadas. Tudo isso é normal para as outras pessoas, não para mim. Nunca me senti à vontade. Eu me senti usado pelas pessoas até os 21 anos, quando encontrei meu companheiro. Então tudo mudou. Encontrei o que procurava. A gente se adora, se respeita. Ele é incrível"* (enfermeiro de cirurgia, 27 anos).

O convívio com outros homossexuais pode minimizar a sensação de diferença que eles experimentam. Mas é quando descobrem um amor que geralmente conseguem aflorar seus sentimentos. Para um grande número de doentes, o amor por outro homem os torna iguais aos outros. O amor que se coloca acima do puro desejo sexual é um dado importante que se junta à interpretação da homossexualidade: *"Desde bem pequeno tenho atração por homens, mas não podia admitir. Achava que eu me mataria se um dia tivesse relação com um homem. Deus! Eu me sentia tão só, tão deprimido, tão angustiado de não poder ter alguém na minha vida. O tempo passou e comecei a freqüentar os locais de encontro. Percebi que havia muitos outros como eu: homens casados, homens de negócio. Comecei a participar desse mundo e as coisas se tornaram mais naturais para mim, até o dia em que encontrei meu companheiro e me senti feliz. Mas, infelizmente, antes desse encontro cruzei no caminho alguém contaminado pelo HIV"* (contador, superior, 30 anos).

Como tantos outros relatos sobre o processo de reconhecimento e aceitação da homossexualidade, o deste doente se encadeia com a infecção pelo HIV. Quando pôde encontrar, por meio de uma relação de amor, a coerência procurada para exprimir sua sexualidade, a Aids veio abalar esse equilíbrio e o levou novamente a refletir sobre sua vivência homossexual.

1.3. O olhar voltado para uma geração

É comum os doentes ligarem sua homossexualidade à infecção pelo HIV. Nesse momento, eles a relacionam também com a geração do movimento de liberação homossexual. Poucos (quatro em quarenta) buscam a razão do aparecimento da Aids no comportamento, segundo eles, exagerado de alguns homossexuais saídos do movimento gay, que teriam ido longe demais na expressão dos seus desejos. A Aids é vista como uma resposta a esse comportamento de desvio: *"Hoje as coisas evoluíram muito. O que atrapalha é essa doença. Mas acho que tem um pouco da mão de Deus em tudo isso: as pessoas estavam prestes a ir além dos limites e ele colocou um freio"* (bancário, secundário, 32).

Essa opinião pode ser interpretada como o efeito da doença: para os doentes, a Aids está ligada à experiência homossexual e traz um julgamento sobre a maneira pela qual eles a vivenciaram.[11] O questionamento do compor-

---

11. Nesse sentido, M. Pollak afirma que tal julgamento pode levar os homossexuais a refletir sobre a vida social desprovida de laços afetivos que muitos adotaram. Essa reflexão responde às questões que vários se colocaram, independentemente da Aids, e que podem levá-los

tamento de alguns homossexuais por causa da doença favorece esse gênero de crítica, que acentua menos o prazer homossexual do que a maneira como alguns vivenciaram essa satisfação. Assim, quando os doentes explicam o surgimento da Aids, eles remontam a um contexto de liberação sexual mais geral, de toda a geração dos anos setenta e oitenta, e não apenas dos homossexuais.

No entanto, a maioria não alimenta ressentimentos em relação ao momento histórico do movimento homossexual. Para eles, ao contrário, esse período representou um aprendizado de que a vida comporta "inferno e beleza". Eles viveram isso e o aceitam.

A propósito dessa experiência, retomemos o relato em que o doente atribui sua homossexualidade a um ato de sua mãe. Ele resume a interpretação de muitos doentes sobre essa experiência, levada a termo por uma geração: *"Não vou dizer que não tenho medo, que não estou triste. Tenho medo e tenho uma grande tristeza, mas não lamento nada. Não lamento minha homossexualidade, pois é a coisa que me deu mais prazer. Não tenho vergonha de dizer que isso me faz mal. Mas acho que estou sendo o judeu dos anos 90. Estão prestes a jogar a lata de lixo sobre nós homossexuais por hipocrisia, por covardia. Talvez em outra sociedade, em outro fim de século, as pessoas viverão o que eu vivi. Talvez eu esteja pagando, mas o que vivi foi maravilhoso. Há uma prece que diz que Cristo um dia desceu ao inferno e depois se sentou ao lado direito de Deus pai. Não tenho intenção de olhar*

---

a investir numa relação de casal fundada na fidelidade e na estabilidade (cf. "O casal homossexual", in: Pollak, 1993).

o céu e dizer que sou puro, mas desci ao inferno e posso dizer que vi muita humildade e vi muita verdade, quando era associado ao clube mais louco de Nova Iorque. Tudo era permitido. Você leu Sade, O Nome da Rosa, *era isso. Vi coisas fantásticas, sei que o que estou vivendo me faz mal, mas vi coisas fantásticas"* (estilista, superior, 44 anos).

A referência a Sade e ao romance de Umberto Eco é, nesse caso, uma maneira de justificar, por meio da poética e da estética, a moral ligada ao prazer do mundo homossexual construído por uma geração e revelado pela aparição da Aids como um mundo de desregramento. Em nome da prevenção da doença, corre-se o risco de banir a satisfação própria desse universo e de interpretá-lo apenas como um espaço de promiscuidade.

A justificativa em nome de uma moral fundada na estética e na poética se liga à problemática da igualdade (Boltanski, 1993). Segundo esse autor, referir-se à estética para justificar o que poderia causar uma indignação moral é marcar a singularidade e, portanto, a diferença radical entre seu próprio mundo e o resto da sociedade. Ao recorrer a essa lógica de justificação, esse doente pode enfrentar a afirmação de sua diferença e da diferença do mundo gay no que se refere aos valores morais da sociedade.

A maioria dos doentes pensa que é preciso ser vigilante para evitar que a Aids leve ao questionamento das conquistas adquiridas nos anos setenta e oitenta. Por trás dessa afirmação, que se volta para a denúncia, os doentes reivindicam o reconhecimento de sua igualdade e de sua diferença, para que os homossexuais possam viver sua sexualidade sem culpa nem reprovação.

Durante o relato, os doentes são tomados por um sentimento de injustiça, que começou na descoberta da homossexualidade e atingiu o ápice com o contágio pelo HIV. Eles atribuem à sociedade como um todo a responsabilidade pelo sofrimento que resulta da dificuldade em reconhecer-se dentro da norma.

É possível, então, observar que, nas entrevistas, a denúncia ligada à questão homossexual opera em vários sentidos. Eles denunciam o amálgama da homossexualidade com a Aids, que aumenta o preconceito contra os homossexuais em geral, assim como o estigma relativo aos portadores da doença. O ato de denúncia ressalta as marcas do que poderia ser tomado como injusto e que tem um elo com a situação de doente. Eles se colocam no centro da crítica, e a denúncia das injustiças que os tocam é dirigida à sociedade em geral.[12]

Ao julgar a visão que a sociedade tem a respeito dos homossexuais e dos portadores de Aids, eles utilizam sua capacidade crítica e, com isso, a capacidade de agir enquanto cidadãos, integralmente, na situação em que se encontram.

Nesse momento, é possível falar do engajamento em uma causa que é também a de outros homossexuais, doentes ou não. A pessoa vai além de si ao se reportar a uma experiência comum à maioria dos homossexuais. O engajamento permite que a pessoa, mediante um movimen-

---

12. Segundo Boltanski (1993), quando há uma grande distância entre o perseguidor (a sociedade em geral) e a vítima (os homossexuais), o tópico da denúncia tem a necessidade de dotar-se uma teoria do poder, que deve ser mais precisamente uma teoria da dominação.

to de retorno a si mesma, se aceite por inteiro, com sua história e sua sexualidade. Ao mesmo tempo em que formulam denúncias sobre o social, reinterpretam o sentido da homossexualidade em geral e de sua posição em relação a ela.

2. A provação da coerência da pessoa

Há uma diferença entre assumir a homossexualidade perante si mesmo e assumi-la perante os outros. Alguns doentes, principalmente os que descobrem sua orientação sexual no contexto do movimento homossexual, afirmam que não tiveram problemas para vivenciar sua homossexualidade, mas reconhecem que nunca aceitaram totalmente o fato de serem homossexuais. Um desses doentes conta que descobriu sua sexualidade sem conflito consigo mesmo. Segundo ele, não havia problema em relação ao seu círculo porque se sentia igual a todo mundo e não precisava exibir sua homossexualidade.[13] Todavia, na continuação do relato, observa-se uma tensão ligada à maneira de viver a homossexualidade quando, em

---

13. O processo de construção da identidade gay não se apresentava de maneira uniforme e cada um o experimentava à sua maneira. Uma orientação do movimento homossexual recusava a idéia de gueto e prega a integração com o conjunto da sociedade, sem a necessidade de exibir a homossexualidade publicamente. Uma outra orientação, ao contrário, investiu na felicidade do gueto (Pollak, 1982 e 1993), marcando a diferença com relação ao modelo heterossexual. Nesse caso, o processo de integração representaria uma perda de autonomia individual, na medida em que prescreveria a noção de êxito, sem colocar em causa os valores sociais globais (Laurindo da Silva, 1986).

algumas situações, como a de família e a de trabalho, o doente não pode abordar o tema da sexualidade sem o temor de causar incômodo ou de ver a conversa cair na ridicularização: *"Eu me aceito, mas as pessoas não me aceitam, porque há muita discriminação contra os homossexuais. Agora, com a doença, tornou-se mais fácil falar disso, pelo menos para mim. Há certas coisas que só passaram a ser aceitas depois da doença A gente fica deitado, reflete melhor e então passa a aceitar certas coisas que antes não aceitava. Às vezes é preciso dizer 'vou morrer' para aceitar certas coisas. A sexualidade faz parte disso"* (empregado administrativo, secundário, 24 anos).

A integração na sociedade só pode ocorrer se a homossexualidade é aceita pelo outro. Enquanto isso não acontece, a pessoa experimenta um sentimento de discriminação. Ao tornar a sexualidade pública, a doença oferece a possibilidade de reinterpretar coisas não resolvidas no passado. A Aids seria, assim, um fator de resolução da tensão que incide sobre a identidade homossexual.

Retomemos o exemplo do doente que explicou sua sexualidade como predestinação ligada a um ato da mãe: *"Acho que nunca me aceitei como homossexual. Simplesmente me tolerei, até chegar a esse ponto, com a Aids, em que estou me aceitando e me conhecendo verdadeiramente. E não estou decepcionado comigo mesmo"* (estilista, superior, 44 anos). Como enunciamos, a perspectiva da morte e o exercício de narrar a própria vida levam a pessoa a fazer um julgamento desses atos no tempo. Esse doente disse que se tornou um "grande homem", apesar das dificuldades experimentadas nas primeiras experiências sexuais. Além disso, revelou sua impressão sobre os valores de verdade e de humildade e sobre as coisas fantásticas que pôde vivenciar no mundo "gay". Ele se refere a uma época de busca de prazer e procura legitimá-la com uma lógica baseada na estética. Mas é só quando ele se refere aos sentimentos do presente, relativos à sua homossexualidade, que se pode perceber que o prazer homossexual não significou a aceitação total de sua sexualidade.

Os doentes introduzem no tempo da entrevista a temporalidade de uma vida. Eles exprimem julgamentos sobre o passado homossexual e sobre o presente com a Aids, deixando o futuro em suspenso. Em alguns momentos, é possível observar uma espécie de "acerto de contas" com o passado, no que concerne à homossexualidade.

2.1. A estabilidade da identidade pelo efeito de totalização

Em um artigo em que comparamos as atitudes de dois portadores de HIV até o final dos seus dias (Laurindo da Silva, 1993), mostramos que, com a evolução da doença, eles mantinham propósitos opostos aos do início da soropositividade, no que diz respeito à homossexualidade, à relação com a família e à espiritualidade. Analisamos essas mudanças como o resultado de um trabalho de reconstrução de si, como tentativa de eliminar certas contradições de suas vidas por causa da doença e, assim, chegar a uma totalização de suas ações, no relato e graças ao relato. A totalização é inerente ao trabalho de recomposição biográfica e implica uma avaliação do conjunto da vida, da natureza de um julgamento (Ricoeur, 1983; Boltanski, 1990). Ligado à perspectiva do "juízo final" intrínseco ao trabalho de recomposição biográfica, o efeito de totalização traz sempre consigo a exigência de coerência nos atos (Boltanski, 1990). Assim, a totalização é o momento do relato em que a coerência da pessoa é posta à prova.

Os doentes dizem sentir a necessidade, após o aparecimento da Aids, de não mais levar a vida como mentira ou contradição, diante de si e dos outros. Nesse sentido, um bissexual, quando descobre sua soropositividade, deixa a noiva para não lhe revelar a doença e colocá-la sob risco de contaminação: *"Tinha uma noiva e a amava muito, mas depois da Aids rompi a relação porque não podia continuar mentindo para ela. Disse-lhe que estava amando outra garota. Isso me deixou mal, mas não podia continuar mentindo"* (operário, primário, 23 anos).

Para alcançar a coerência de si, esse doente será levado a substituir uma mentira (que contraíra Aids e tivera relações homossexuais) por outra (que amava outra garota). Para ele, essa mentira é aceitável porque visa o bem de sua noiva. O doente busca levar a vida com coerência, mas essa tentativa se choca com um componente ético da noção de pessoa: a responsabilidade para consigo e com os outros.

A responsabilidade desse doente acionada assim que descobre a soropositividade. Para não expor a noiva ao risco de contaminação, ele decide evitar toda relação sexual com ela. Mas omite um aspecto próprio da soropositividade, a saber, que o momento dessa descoberta pode estar defasado em relação à sua duração real. Ele não considera o período anterior ao conhecimento de seu estatuto sorológico em relação ao risco de contaminação da noiva. Essa atitude tem implicações sobre as interpretações que faz da própria saúde — como veremos, ele irá questionar até a veracidade de seu diagnóstico. Há também a hipótese de que, nessa busca da coerência e da totalização, a principal resolução seja não mais mentir para si mesmo, integrando, por esse ato, sua homossexualidade.

Outros doentes bissexuais alcançam a coerência procurando romper com a homossexualidade e afirmar sua heterossexualidade. A decisão de não ter mais relações com pessoas do mesmo sexo se observa principalmente nos doentes que se relacionavam com outros homens, sem colocar em dúvida sua heterossexualidade: *"Eu não tinha desejo por homens e sempre saí com mulheres. Mas as amizades nos levam para caminhos errados. Tinha quinze anos e comecei a freqüentar as saunas. Não reprovo ninguém porque fui lá por minha própria vontade. Um colega de trabalho me dizia que na sauna havia 'veados'. A gente ia lá e fazia essas coisas, mas depois eu lamentava: 'Como pude fazer isso com um homem?' Dizia que nunca mais farei isso". Eu era uma pessoa que não compreendia as coisas. Depois da doença, nunca mais fui a uma sauna e nunca mais quero fazer coisas com homens"* (operário, primário, 24 anos).

Com a doença, a incompreensão do que aconteceu não é mais aceitável. A busca de coerência passa pela necessidade de conduzir a vida de modo que ela não seja mais partilhada entre um homem e uma mulher.

De fato, alguns rapazes que mantêm relação com homossexuais sem questionarem sua heterossexualidade se situem numa zona em que não sabem se dão vazão a um desejo de sexo com outro homem ou se afirmam sua virilidade tendo relações sexuais com um "gay". No quadro de representações do modelo hierárquico (Fry, 1982), essas duas razões não se excluem, mas se completam, sem colocar em questão a heterossexualidade: *"Uma época saia com 'gays'. Era convidado para festas, eles me ofereciam tênis, roupas. Só queria homem. Via homem em todo lugar. Quando visitava meu pai na Bahia, contava que em São Paulo eu 'pegava' caras mais machos do que os que ele via na televisão. Meu pai se divertia. Agora, não quero mais saber disso. Tudo o que quero é ficar bem com minha namorada, que também é soropositiva, e poder acompanhá-la na maternidade e abraçar nosso filho que vai nascer — espero, sem essa doença"* (manobrista, primário, 26 anos).

Em um artigo sobre os michês (Laurindo da Silva, 1999b), mostramos como as atitudes e as relações bastante ambíguas com os parceiros sexuais tornava difícil a delimitação da prostituição masculina.[14] Quando fala de suas relações com os homens, o rapaz se refere ao período da descoberta de um mundo social novo, de pompa e de festa, no qual pôde exercer sua virilidade sem que ela

---

14. Para explicar esse gênero de relação, evocamos a teoria da dádiva, formulada por Marcel Mauss (1974), que está ligada à teoria da reciprocidade. A tensão que existe nessa teoria está na gratuidade da dádiva e a exigência da troca. Essa mesma espécie de tensão se encontra na relação entre alguns rapazes e seus parceiros sexuais.

fosse questionada por si ou pelos outros. Ele permanece na adequação entre a percepção que tem das condutas sexuais e de suas próprias ações no passado e no presente, o que lhe permite situar-se perante a doença.

Alguns doentes travestis também têm a necessidade de se redefinirem em relação à sua condição e às razões que os levaram a ela: *"Não quero mais ser travesti. Coloquei quatro litros de silicone aos dezesseis anos. Tenho seios, meu número é 44, mas perdi peso, estou muito magro. Depois, quando estiver melhor, não dependerei mais disso. Se engordar e meu corpo voltar ao normal, vou me vestir como homem. Não me arrependo de ter colocado silicone, mas agora não tenho mais vontade, não tenho necessidade disso. Quero ter uma ocupação quando estiver melhor, não quero mais ser travesti"* (profissional do sexo, primário, 26 anos).

Ele afirma que se tornou travesti para se prostituir. Quando diz que não quer mais ser travesti, isso significa que não quer mais ser profissional do sexo. Sua resolução pode ser compreendida como um compromisso, pela promessa, que desafia o tempo e a doença (Ricoeur, 1990). No entanto, é provável que exista na decisão de retirar o silicone do corpo a necessidade de reencontrar sua natureza masculina. Com uma trajetória permeada de rupturas sucessivas de identidade — ser homem ou mulher, segundo as circunstâncias (Laurindo da Silva, 1995) —, o travesti se revela um exemplo em que a noção de identidade dificilmente se estabiliza (Harold Garfinkel, 1988). A identidade é rompida continuamente, colocando em evidência a dialética da *mesmidade* e da ipseidade

(Ricoeur, 1990), que assegura a permanência da pessoa na alternância entre ser homem e ser mulher.

Para os travestis, tornar-se mulher obedece a um processo que não pára. Dificilmente voltam atrás para recuperar o físico de homem. Na vida cotidiana, eles se vestem como mulher, se penteiam como mulher e se autodesignam como mulher. Mas a identidade feminina não é capaz de se estabilizar porque a masculina pode ser solicitada o tempo todo — por exemplo, nas situações em que precisam apresentar um documento eles são identificados pelo nome e pelo sexo masculino, ou então num cenário em que há necessidade de empregar força física, eles também se apresentam como homem (Laurindo da Silva, 1995, 1999b). Nesse caso, é possível que a Aids represente a ocasião em que alguns travestis possam alcançar a estabilização de sua identidade.

A maioria dos doentes experimenta no seu íntimo as mudanças sobrevindas nesse momento da vida. Mas, nem todos as atribuem sistematicamente ao efeito da doença. Segundo eles, por mais intensa que possa ter sido, a vivência de ontem não resume uma existência. Sem renegar o passado, reconhecem que, com o tempo, as coisas mudaram.

"Ainda estou me buscando. Não é a essência da homossexualidade, ela está em mim. Mas existem outras coisas que pesam em tudo isso. Não vamos falar do antes e do depois da doença, pois isso seria uma coisa dividida Não vamos colocar a culpa na Aids. Eu mudei, estou em processo de mutação. Há coisas que eu fazia antes e que agora não faria mais, mesmo sem a Aids, porque já as conheço" (estilista, superior, 44 anos).

É importante reconhecer cada momento da própria história para dar sentido à vida outra vez. O doente reconduz as mudanças para esse momento de sua história, independentemente da Aids. Esta se inscreve na continuação da busca de si — o que gera a recusa em dividir a vida entre o antes e o depois da doença. Ela representa o momento em que a pessoa reflete sobre si mesma e vem a se conhecer.

Os doentes evocam diferentes fases do seu passado sexual: as primeiras percepções, as primeiras experiências sexuais, a satisfação homossexual e o presente com a Aids. O rearranjo de si encontra coerência inicialmente na narração. Pelo envolvimento no discurso, a pessoa é levada a testemunhar seu passado e seu presente, assegurando, na entrevista, uma continuidade identitária perante as mudanças sobrevindas com a doença.

Capítulo III
A CONSTRUÇÃO DA INCERTEZA E A MANUTENÇÃO DA IDENTIDADE

Para sair do determinismo ligado à evolução da doença, é preciso ser capaz de criar ações livres. Mas como isso é possível numa situação limitada por uma doença grave? Para responder a essa questão nos apoiaremos na noção de pessoa enquanto potência incognoscível na totalidade, antes que esta se realize pelos atos. Essa dimensão, dada pela dimensão ética e moral, no momento do retorno a si mesmo, permite que os doentes se reconheçam na situação de doença grave. Baseados nesse reconhecimento, eles experimentam sentimentos que não conheciam anteriormente e que podem ajudá-los no trabalho de recomposição identitária.

Ao falar sobre como encaram a vida depois da Aids, eles procuram explicar o que sentem em seu íntimo, sem visar necessariamente a comparação com o outro. Há, na referência a si próprios, uma maneira de dirigir-se à ipseidade (a dimensão da pessoa que subsiste independentemente dos acidentes manifestados em sua vida) para assegurar a permanência no nível do si. Por meio do retorno a si mesmos, eles podem encontrar elementos que os ajudem a construir incertezas sobre seus destinos de portadores de Aids e que sejam totalmente coerentes com uma ordem social geral.

Construir incertezas significa abrir uma porta para a esperança. Nesse ponto, somos confrontados com o paradoxo da noção de incerteza na análise da atitude dos doentes. Em geral, na situação de doença, a incerteza cria dificuldade na organização da vida cotidiana (Strauss e Glaser, 1975, Bury, 1982; Davis, 1972). Porém, no caso da Aids em fase avançada, nos anos 80, conseguir construir um sentimento de incerteza é uma vitória sobre o determinismo contido no caráter letal da doença.

Consideramos três casos típicos, não excludentes entre si, que correspondem à tentativa de manter a identidade pela construção da incerteza. O primeiro refere-se ao sentimento de dúvida sobre o diagnóstico e foi observado em cinco dos quarenta doentes que encontramos. O segundo é relativo ao sentimento de revolta, manifestado por doze doentes. O terceiro tem a ver com a emergência de um espaço espiritual e foi observado em trinta doentes. Há uma tendência dominante de um desses casos em cada doente — o que não impede que alguns deles possam passar de um caso a outro, conforme o momento do relato.

Os casos típicos considerados pertencem a duas ordens diferentes de interpretação da situação de doença e de reação a ela. A dúvida surge da incerteza perante o diagnóstico; a revolta e a espiritualidade aparecem como reação ao determinismo de morte contido na Aids. A dúvida é uma maneira de não se confrontar permanentemente com esse determinismo. É nesse sentido que a dúvida se liga à problemática da construção da incerteza e da manutenção da identidade.

Quando duvidam, os doentes encontram uma equivalência entre seu estado físico, que parece bom, e a idéia geral de que a Aids não tem cura. A revolta e a espiritualidade pertencem a registros de ação em que a referência buscada para assegurar a permanência da pessoa exige o sacrifício das regras de convenção geral e o mergulho em si mesmo para atingir a dimensão de potência. Veremos, no entanto, que os modos de ação baseados na revolta ou

Quadro I
Caso típico relativo aos sentimentos experimentados
pelos doentes segundo suas características sociais*

Categoria social	Caso típico			
	Dúvida relativa ao diagnóstico	Revolta	Emergência de um espaço espiritual	Total**
Nível sócio-cultural pouco elevado	4	8	9	21
Nível sócio-cultural médio	1	2	10	13
Nível sócio-cultural elevado	—	2	11	13
Total	5	12	30	47

* As características sociais foram determinadas a partir do nível de instrução e da categoria socioprofissional dos doentes.
** O total é superior a 40 (número de pessoas interrogadas) porque alguns doentes podem passar de um caso a outro.

na emergência da espiritualidade, embora façam referência a si mesmo e à dimensão de potência, não podem ser colocados em um regime como o definido pela agapé ou pela violência. A ausência de equivalência própria desses regimes pode levar as pessoas a negligenciar a doença e a se distanciar das tentativas de controlá-la. As três lógicas de ação que permitem aos doentes de Aids a criação de incertezas a respeito do próprio destino são frágeis e instáveis. Dificilmente eles conseguem se entregar ao sacrifício de não mais dar importância à doença. A todo momento são obrigados a deixar os três modos de ação e retornar às necessidades de seus corpos para enfrentar a Aids.

Quadro II
Caso típico relativo aos sentimentos experimentados pelos doentes segundo sua relação com a homossexualidade

Relação à homossexualidade	Caso típico			
	Dúvida relativa ao diagnóstico	Revolta	Emergência de um espaço espiritual	Total*
Gay	3	7	24	34
Reservado/ aceitação difícil	1	2	3	6
Bissexual	1	1	1	3
Travesti	—	2	1	3
Michê	—	—	1	1
Total	5	12	30	47

* O total é superior a 40 (número de pessoas interrogadas) porque alguns doentes podem passar de um caso a outro.

1. A manutenção da dúvida a respeito do diagnóstico de Aids

Os doentes chegam ao CRT (Centro de Referência e Treinamento) depois de afastar todas as possibilidades de doença que não seja Aids. As provas que confirmam a presença do vírus em seus corpos foram validadas: os sintomas, o teste positivo de HIV, o tratamento em um centro especializado em Aids. Não obstante, alguns ainda duvidam do diagnóstico. A dúvida constitui um modo de reação à situação e, apesar de esses doentes serem minoria, pareceu-nos importante saber se a dúvida pode se chocar com o trabalho de formação da coerência da pessoa. Veremos que construir incertezas não implica necessariamente o envolvimento em um trabalho de formação da coerência — esta se relaciona com a aceitação da doença e a integração de suas conseqüências no conjunto da vida.

A noção de negação foi utilizada por diferentes autores para identificar uma reação de recusa perante a doença e a morte (Elisabeth Kübler-Ross, ed. 1975) ou estratégias no trabalho de ajuste à situação de doença (Davis, 1972; Strauss e Glaser, 1975). Apesar de a dúvida ser bem próxima da negação, parece mais apropriado analisar as atitudes dos doentes como manutenção de um espaço de incerteza sobre o diagnóstico, e não como uma negação absoluta do fato de que tenham contraído Aids. Na dúvida a pessoa não exclui a possibilidade da doença e não é indiferente ao tratamento imposto.

Conforme nossos dados, uma característica comum aos doentes é a procedência de um meio social desfavorecido. O nível sociocultural tem uma relação evidente com a apreensão que têm sobre a doença. Contudo, a principal característica que os une é o fato de que, contrariamente ao que freqüentemente ouviram dizer sobre a Aids, se sentem fisicamente bem e não notam sua progressão. Para alguns, a dúvida é reforçada pela não-confirmação do diagnóstico pelos médicos. Entre os cinco doentes que manifestaram dúvida, quatro afirmam não ter experimentado nenhum sentimento particular e nenhuma mudança em seu físico e, por essa razão, pensavam não ter sido atingidos pela Aids. O quinto reconheceu que tudo mudou em sua vida, mas, como estava doente há muito tempo, começava a pensar que poderia não ser Aids.

Nos momentos de dúvida, os doentes abandonam momentaneamente a realidade da doença. A dúvida é assim um recurso que lhes permite entrar e sair da situação de portador de Aids. Como nada se manifesta, eles não permanecem o tempo todo nessa realidade. Mas acabam tendo de retornar a ela: na ordem do relato, são obrigados a justificar seu envolvimento no tratamento. No cotidiano, é a medicação contínua e o moral debilitado por estarem sempre doentes que os fazem retornar à dúvida. No nível em que se situam, quando duvidam, reconhecem que são doentes, têm um discurso sobre a doença e buscam dar-lhe um sentido, mesmo que, como veremos, esse sentido se choque com o processo de totalização da formação da coerência da pessoa.

1.1. A importância da palavra na manutenção da dúvida

Foi possível observar a importância que algumas pessoas concedem à palavra do médico na confirmação do diagnóstico. Dois desses cinco doentes pensam que não têm a doença porque seu nome não foi pronunciado pelos médicos: *"Quando encontraram a meningite fizeram o teste da Aids, mas não me preocupei. Minha primeira reação foi vir aqui, pois sabia que esse hospital é somente para tratar essa coisa da Aids... Aqui, eles não confirmaram a Aids, só a meningite. Estava preocupado mas depois passou, porque tratar uma é como tratar a outra. Então a gente põe ordem nas idéias"* (guarda noturno, primário, 34 anos).

Não sendo confirmada pelos médicos, é no plano do tratamento que o elo entre a Aids e a meningite pode ser feito. Isso permite criar uma espécie de incerteza com relação à Aids e perceber a gravidade de sua situação, pois como afirma o doente, "tratar uma é como tratar a outra". Todavia, esse paciente não podia se estabilizar num estado em que o sintoma (meningite) é substituído pela causa (HIV). Ele afirmava que sempre pedia aos irmãos e à mãe que não lhe escondessem nada e dissessem a verdade: *"Se eu tenho que morrer, pelo menos quero morrer sabendo o que tenho; mas acho que não é Aids"* (guarda noturno, primário, 34 anos).

Sem a palavra dos médicos confirmando a Aids e sem mudanças no estado físico, os doentes se apóiam em outras representações ligadas à situação de doença para sustentar a incerteza. Embora a primeira interpretação sobre a origem da enfermidade seja atribui-la ao vírus, alguns encontram uma coincidência entre o momento em que ocorreu a infecção e certos acontecimentos que os tornaram suscetíveis ao vírus.[1] Ao exprimir dúvida a respeito do diagnóstico, um doente pensava que talvez a Aids estivesse ligada a uma macumba que ele encontrou em seu jardim, com velas e folhas de espada-de-são-jorge.[2] Para ele, houve uma certa coincidência entre a chegada da doença e o fato de ter tocado na macumba. Ele adere à lógica da carga maléfica contida no tocar e na palavra, em algumas circunstâncias (J. Favret-Saada, 1977). A causa da doença é situada na ordem da contaminação. Guiado por essa lógica ao longo de todo o relato, o doente evita citar a palavra Aids, para não agravar seu mal: *"Não gosto de falar disso: quanto mais se fala, mais se atrai."*

Ele confere assim uma importância à palavra do outro na confirmação de sua verdadeira doença e também à sua própria, ao evitar pronunciar a palavra Aids. É nesse espaço que ficou livre para a não confirmação do diagnóstico de Aids, e no qual se acrescenta a interpretação que ele dá para o aparecimento da doença, que permanece a dúvida sobre seu mal.

---

1. A interpretação do sentido dado à doença, diferente do modelo médico, tem sido objeto de diversos estudos de antropologia e sociologia da saúde e da medicina (ver, principalmente: M. Augé e C. Herzlich, 1984; C. Herzlich e J. Pierret, 1984; F. Laplantine, 1986; J. Favret-Saad, 1977; M. A. Loyola, 1983). Contudo, também foi mostrado que alguns doentes procuram dar um sentido ao desencadeamento da doença sem negar a explicação biológica fornecida pelo modelo médico (G. Williams, 1984).

2. Planta da família das liliáceas, originária de regiões tropicais, com reputação de ter poder sobre a vida das pessoas quando utilizada em feitiçaria.

1.2. A dúvida quando não há progressão da doença

A dúvida dos doentes se constrói a partir do seu estado físico e do discurso geral sobre o caráter letal da Aids. Eles se sentem bem e a doença não trouxe nenhum dano a seus corpos. Haveria, nessa atitude, uma espécie de recusa? Talvez, mas inicialmente esses doentes acreditaram no diagnóstico. É à medida que se sentem melhor que começam a duvidar: *"Eu me sinto muito bem. Além disso, tive feridas que se curaram. Dizem que as feridas não se curam quando é Aids. Então, o que tenho talvez não seja Aids"* (operário, primário, 47 anos).

Situados no plano da dúvida, e não no da verdadeira causa da doença, os doentes não precisam decidir sobre a certeza de terem sido ou não atingidos pela Aids. No entanto, eles não conseguem se instalar num espaço em que a doença esteja completamente ausente. Podem ter incertezas sobre a exatidão do diagnóstico, mas não podem negligenciar sua possível veracidade sem colocar em risco o controle necessário da Aids. Por isso, apesar da dúvida, os doentes seguem os conselhos médicos, retornam às consultas e reordenam a vida em função da doença.

O relativo bom estado físico não implica que o estado moral dos doentes seja bom o tempo todo. Talvez seja justamente porque subsista a dúvida que, muitas vezes, os doentes não tenham um bom moral, mesmo quando se sintam fisicamente bem. Um doente que vive com Aids há quatro anos, sentindo-se fisicamente bem, é tomado pela dúvida: *"Já estou cansado dessa história. Perdi vários amigos que foram contaminados na mesma época que eu. Eles já partiram e eu ainda estou aqui. Não en-*

tendo isso; às vezes acho que não estou doente. Por que eles partiram e eu não? Como, no início, quando peguei o vírus, um médico me deu três meses de vida e ainda continuo vivo? Meu médico não diz nada; ele me escuta, mas não tem resposta. Diz que não existe resposta" (auxiliar de enfermagem, 39 anos, secundário).

Como acreditar-se uma exceção quando as representações e os discursos sobre a Aids insistem em seu caráter letal? Diante desse determinismo e da duração da enfermidade, o doente, em certos momentos, começa a duvidar da exatidão do diagnóstico. Durante a entrevista, ele retoma duas vezes a dúvida. Mas não permanece nesse estado por muito tempo. Passa da dúvida a uma angústia profunda que o leva a um sentimento muito próximo da revolta: *"Acho que estou pagando um preço muito alto, sabendo que tenho o vírus da Aids e que não posso fazer algumas coisas que eu gostaria de fazer. Acho que o que estou vivendo não vale a pena. Tenho dois filhos, de dez e dezesseis anos, e quero vê-los crescer. Mas quando meus filhos souberem que seu pai é um aidético, você acha que vão aceitar? Não posso encontrar alguém para compartilhar minha vida, porque não posso dizer que tenho Aids. Não posso ter relação sexual. Então de que adianta trabalhar, ganhar dinheiro, se a vida para mim é muito, muito difícil? Falo comigo mesmo: 'Por que estou nessa situação? Por que carrego essa doença comigo? Só eu que vivo essa angústia?' E não tenho resposta. A maioria dos meus amigos morreram de Aids. E eu estou esperando* (risos). *Às vezes não acredito que estou com Aids, porque se coloco isso na minha cabeça, não resta mais nada".*

O doente expõe sua angústia diante da situação. Cita as mudanças que ocorreram na sua vida depois da doença e, nesse momento, o relato oscila entre os sentimentos de revolta e a emergência de um espaço espiritual, que se revela um recurso de apaziguamento da angústia. *"Minha vida mudou muito em todos os sentidos: no social, mas também no espiritual, porque a gente tem que se apegar a alguma coisa. Eu me apego muito a Deus. Não tinha o hábito de rezar, mas agora faço minhas preces, vou à igreja católica e tenho meus orixás,[3] que me acompanham e me protegem. Penso que Deus é um só e ele tem o mesmo poder qualquer que seja a religião"* (auxiliar de enfermagem, secundário, 39 anos).

A dúvida, nesse caso, não lhe permite sair da angústia. No relato, os momentos de dúvida são frágeis e, a maior parte do tempo o doente, se situa diante de uma realidade incontornável. Ele disse que guardava dinheiro para seu enterro, pois sua família não tinha os meios para fazê-lo. Então afirmou: *"É uma coisa real, eu tenho Aids."*

Os doentes passam de um tipo de reação a outra para exprimir seus sentimentos. A dificuldade em reconhecer a verdadeira causa da doença pode permitir o abandono momentâneo da realidade, mas esse sentimento pode ter implicações quanto à transmissão do HIV ao outro. Vimos no capítulo anterior como um dos doentes que exprimem dúvida rompe com a noiva para evitar as relações

---

3. Divindades cultuadas pelos Iorubas do sudeste da Nigéria, do Benin e do norte do Togo, trazidas ao Brasil pelos escravos e incorporadas ao candomblé. Cf. a parte deste capítulo consagrada à emergência de um espaço espiritual.

sexuais, sem falar da doença; dois outros não contam aos parceiros que estão contaminados e não utilizam preservativo nas relações sexuais.

É no nível da responsabilidade relativa à dimensão ética da pessoa que a dúvida causa dificuldade para a realização do processo de formação da coerência. Quando os doentes duvidam, eles se envolvem num trabalho de construção da esperança e, por essa via, de continuidade identitária, embora isso não implique necessariamente um engajamento que vise o plano ético no processo de formação da coerência da pessoa — o qual implica a aceitação e a integração da doença na recomposição de si.

2. A revolta: um recurso mais estressante que apaziguador

Os sentimentos de revolta, cólera ou angústia dirigidos contra a situação de doença foram destacados por diferentes estudos de sociologia da doença. C. Herzlich (1984) explica por meio da noção de doença destrutiva, que se refere ao ressentimento manifestado por causa da inatividade e do abandono do papel social. R. Fox (1979) analisa como a situação de doença se liga à situação social do paciente para explicar a revolta que se produz nele. E. Kübler-Ross (1975) considerou a revolta e a cólera geradas pela doença como sentimentos de injustiça experimentados pelos doentes.

Conforme nossos dados, essas três explicações para a revolta do doente coincidem: o questionamento dos laços sociais, a condição social e o sentimento de injustiça. A injustiça, como mostramos, é sentida desde o início quando a infecção pelo HIV foi associada aos homossexuais. As limitações introduzidas pela doença reforçam o sentimento de injustiça. Do mesmo modo, dos doze doentes que manifestam revolta, oito pertencem a um meio social desfavorecido. Assim, esse sentimento tem relação com a condição econômica, que se torna ainda mais constrangedora por causa da infecção.

O sentimento de revolta significa que, em um dado momento, a pessoa não controla mais o que está vivenciando. Os doentes que começam a se revoltar tentam lutar contra o absurdo de uma situação irreparável. Como a revolta é contrária à submissão, ela pode ser o último recurso diante do que é vivenciado como injusto e insuportável. É possível que os doentes se apóiem na atitude de combate, própria à revolta, e que, por essa via, rumo à própria potência, consigam criar força para enfrentar o vírus. Mas, como veremos, a revolta é um recurso que tem efeitos diversos e contraditórios. Às vezes, ela pode dar força, mas a maior parte do tempo é estressante, e os doentes estão sempre precisando buscar meios de apaziguamento para evitar o risco de se fragilizarem ainda mais. Nesses momentos, são obrigados a retornar à realidade de portadores de Aids e às regras de convenção que estabelecem a equivalência com sua situação de doença.

2.1. Quando o objeto da revolta é difícil de discernir

Os doentes centram sua revolta na situação de doença: reagem contra o presente e contra a impossibilidade de encarar o futuro. Para alguns, a revolta também está ligada ao passado, para outros ainda está na homossexualidade: *"Eu me pergunto por que isso aconteceu comigo. Tenho certeza de que se não fosse homossexual isso não teria acontecido. Sempre fui revoltado contra minha condição de homossexual. Depois da doença fiquei ainda mais revoltado"* (operário da construção civil, primário, 31 anos).

Ao considerar a situação presente, o doente questiona sua homossexualidade e também sua fé: *"Agora não tenho mais religião. Quando era criança, tinha que seguir meus pais, que eram protestantes. Mas quando se chega à conclusão de que isso não serve para nada e de que as pessoas estão se aproveitando de você, isso te revolta ainda mais. Felizmente, tenho o afeto de minhas irmãs, que ajuda a me acalmar".*

De acordo com o relato, esse doente não pôde viver em adequação com seus sentimentos. Esteve submetido a situações que não escolheu. É provável que a doença, ao irromper em sua vida, o tenha obrigado a se interrogar sobre suas verdades. A emergência da Aids tem um efeito "bumerangue". Com ela, finalmente, deixa de estar submetido, torna-se livre. Há uma totalização no relato: ele se revolta contra a religião e contra a homossexualidade e, assim, consegue se manter coerente consigo mesmo.

Quaisquer que sejam os motivos da revolta, os doentes ressentem uma dívida infinita e impagável por terem sido atingidos pelo HIV. Um deles conta o que sentiu por ter sido infectado: *"Tudo me revolta nesse momento. Todas as coisas ruins que aconteceram na minha vida, antes e depois da doença, voltam se não foram resolvidas. Eu me revolto, e nesse momento sinto-me muito forte. É como se tivesse usado cocaína: ela me dá uma enorme força, mas depois, quando o efeito passa, sinto-me quase morto, sem nenhuma energia. Não como nada quando estou revoltado, é muito estressante"* (cozinheiro, secundário, 37 anos).

A força trazida pela revolta se esvai e o fragiliza. É possível relacionar a revolta dos doentes com a raiva, tal como é analisada por Ruwen Ogien (1993). Para ele, a raiva está por si mesma associada a um valor negativo e, ao atestar sua força, pode se tornar constrangedora se durar muito tempo.

Os doentes que se revoltam têm em comum a necessidade de encontrar os meios de apaziguar esse sentimento, sob o risco de se tornarem estressados e frágeis, como mostra a seqüência do relato: *"Quando me sinto revoltado, penso em fazer mal aos que me incomodam. Não penso em passar o vírus para outro. Mas não tenho mais paciência. Quando ando na rua, tenho ódio de quem está no meu caminho. Digo: 'Por que não me deixam passar?' Quero que as pessoas tornem as coisas mais fáceis para mim, porque tenho Aids, como se todo mundo tivesse que saber. Mas vejo tanta gente preocupada com a Aids, e isso me dá força novamente. Eu queria viver feliz, num casamento feliz. Mas isso eu não tive e não poderei mais ter. E isso me revolta muito. Nesse momento, penso em minha mãe, que é tão crente. Eu grito: 'Se há uma força superior, que ela me dê um sinal, que me mostre o que devo fazer...'. Vou dizer uma coisa: pode-se fazer mil estudos sobre a Aids, mas nunca se vai ver o mundo como um doente de Aids"* (cozinheiro, secundário, 37 anos).

O doente se revolta contra o presente, a ausência de futuro e as coisas que não pôde realizar no passado. Tem reconhecimento pelos que são solidários à luta contra a doença e observa o mundo com sua visão de portador de Aids, muito diferente da visão dos que não estão doentes.

De fato, os doentes não encontram apaziguamento em sua revolta porque não têm a quem ou a que imputar a culpa por sua situação. Eles tinham fé, tentaram todos os tipos de medicamentos e, apesar disso, não dominam mais seu físico, sentem-se esgotados e revoltam-se.

"Tenho altos e baixos, meus sentimentos não são constantes. Houve momentos em que pensei ter sido beneficiado, ajudado por Deus, quando voltei a mim, após dez dias em coma. Houve uma fase da doença em que eu rezava, em que me aproximei mais de Deus. Mas quando tenho crises, com todos esses sintomas, sinto-me largado, achando que toda minha vida foi arruinada, e me pergunto por que tenho que passar por tanto sofrimento. É por isso que depois da doença me sinto mais revoltado" (bancário, secundário, 32 anos).

Os sentimentos não são estáticos na situação de doença. Às vezes a religião pode ajudar, mas não de modo permanente. O doente procura, então, na própria experiência da doença, a maneira de controlar sua revolta: *"Mas há coisas positivas. Por exemplo o carinho que recebi de todos na minha casa e dos meus amigos quando estava no hospital. Antes eu conversava muito pouco em casa, mas agora me comunico mais com meu pai, minha mãe e meu irmão. Nossa relação mudou bastante, e isso é positivo"* (bancário, secundário, 32 anos).

O carinho dos próximos torna-se portanto um meio de apaziguamento. Contudo, alguns doentes precisam se voltar para si mesmos a fim de aliviar sentimentos que podem levar à revolta: *"Tive uma fase de muita ansiedade. Agora pouco me importo e quero que o mundo vá para o diabo. Por exemplo, se eu não tivesse gostado da nossa conversa teria dito para voltar outro dia ou não voltar nunca mais. Se as pessoas me convidam, muito bem, mas vou se quiser. Estou passando por um fase de reclusão. Tenho necessidade de ficar sozinho, de colocar minhas idéias no lugar. Perdi tudo com essa doença: meu trabalho, meus estudos, meu namorado, que mudou completamente em relação a mim. Ele acha que eu deveria deixar meu orgulho de lado só porque estou doente. Mas não posso, senão não seria mais eu mesmo. Quando nos deixamos levar pelos outros é porque não resta mais nada de nós mesmos e aí já estamos mortos"* (contador, superior, 30 anos).

Ao voltar-se para si mesmo, ele pode aliviar a cólera e também assegurar a permanência e a integridade diante das próprias mudanças e das mudanças dos outros com relação a ele. No relato, não se situa na doença; discute sua situação e reivindica ser sujeito nessa situação. A possibilidade de resistir à morte está em sua capacidade de dizer sim ou não aos outros. Se faz muitas concessões, se aceita muitos compromissos em relação à sua verdade, perde a integridade e deixa de existir enquanto ele mesmo. E isso que significa a morte para esse doente. A doença pode corroer tudo, mas enquanto ele tem sua integridade sua vida está assegurada. Para viver, ele precisa de sua coerência, que se traduz pela exigência em relação a si mesmo e em relação aos outros.

Para os doentes em situação social precária, a possibilidade de reconstrução de si, fundada no sentimento de revolta, é ainda mais frágil e parece não lhes ser dada, pois não é um recurso novo. A revolta, para eles, é a continuidade de um sentimento de injustiça que os acompanha ao longo de suas vidas. Desse ponto de vista, eles consideram que nada mudou com a Aids. Um travesti afirma: *"As coisas que eu conto sobre meu passado são chatas, mas é a vida que levei. Nessa vida só me lembro de coisas ruins; a doença não me fez mudar de opinião"* (profissional do sexo, primário, 26 anos).

No caso desses doentes, a Aids apenas confirma um sofrimento que sempre conheceram. Para eles, é muito difícil chegar a uma reconstrução de si e de sua vida material para viver com a Aids.

Como no regime da violência, não é fácil conceber a revolta sem vinculá-la a um sentimento de indignação e injustiça (Boltanski, 1990). O regime de justiça permanece como referência na construção da revolta. Acreditamos que a passagem por uma mobilização coletiva permite à pessoa exprimir a revolta e engajar-se em atividades cívicas, visando uma equivalência geral em suas ações.

Podemos citar, como exemplo, a associação ActUp,[4] cujo sucesso está nessa dimensão coletiva da revolta. Na luta contra a Aids, seus membros denunciam fatos, fazem reivindicações e atacam por meio de uma ação que não é jurídica, mas direta. Eles podem até chegar à violência

---

4. A ActUp (*Aids Coalition To Unleash Power*) é uma associação de luta contra a Aids composta principalmente por soropositivos. Surgiu nos EUA em 1987 e depois, em 1989, se estabeleceu fortemente na França. Atua sobretudo no campo da ciência e da pesquisa terapêutica e concebe a luta contra a Aids como uma relação de força com o Estado e os laboratórios farmacêuticos.

contra uma pessoa, se ela for identificada com a instituição que querem atingir. Mas, por causa da tradição de violência reivindicatória nos protestos coletivos, existe, nesse caso, uma certa legitimidade, dificilmente encontrada na violência individual. É a condição da pessoa atingida pelo HIV que legitima o protesto coletivo dos membros do ActUp. Para eles, além de disporem do mesmo conhecimento científico sobre o HIV, estão em uma situação de verdade (são portadores do vírus) que os cientistas não podem alcançar.

Talvez os doentes interrogados não consigam encontrar na revolta um recurso de apaziguamento porque esse sentimento permanece no plano da experiência individual. No momento de relato, podem exprimir revolta contra a situação de doente e também julgamento a respeito desse sentimento, mas geralmente procuram uma causa exterior. O que estão vivendo é culpa do outro ou, para alguns, da própria homossexualidade, que não foi escolhida.

No caso dos doentes, a revolta nem sempre traz a força; há momentos em que, ao contrário, ela os torna frágeis. Para evitar isso, eles precisam abandonar a referência à própria força e se apoiar em meios externos que possam aliviar sua revolta. O carinho dos próximos e a maneira como se voltam para a própria exigência diante da situação são os recursos que podem apaziguá-los momentaneamente.

3. A emergência de um espaço espiritual

A maioria dos doentes, quando narram suas experiências mais importantes depois da Aids, faz referência às necessidades do espírito, que, segundo eles, não existiam antes da doença. Na emergência de um espaço espiritual, encontramos os doentes que experimentam a fé em Deus ou que se apegam a fundamentos religiosos, aqueles que procuram ser indulgentes consigo mesmo e com os outros e aqueles que se voltam para a contemplação da natureza. A abertura às necessidades do espírito tem, como a revolta, implicação no nível da identidade da pessoa. É quando o corpo não responde mais a todas as exigências do cotidiano que os doentes se voltam para as interrogações do espírito. Eles reinterpretam alguns aspectos da vida e, em função disso, passam a encarar seu lugar no mundo de uma maneira diferente.

A emergência de um espaço espiritual está relacionada com o tempo que lhes é concedido e o tempo livre que têm diante de si, que lhes possibilita meditar sobre a própria existência e a de todos os seres humanos. Também está ligada à exigência da situação de doença, que introduz a solidão, favorecendo o recolhimento e o desapego a coisas materiais que agora não parecem mais necessárias.

Segundo J. Corbin e A. Strauss (1987), a prioridade às ações do espírito corresponde ao movimento de recentramento de direção, que faz parte do processo de reconstituição da identidade das pessoas doentes — no qual as ações voltadas para o espírito exigem menos esforços físicos, porém mais tempo e profundidade na reflexão. Talvez seja por causa dessa exigência que os doentes guardem sempre uma visão crítica de suas experiências passadas e da relação que os não-doentes mantêm com o mundo. Eles pensam que podem sentir experiências que não são dadas a todos.

A percepção seletiva e a apreensão diferencial de aspectos da vida, trazidas pela situação de doença grave, foram postas em evidência por C. Herzlich (1984) com a noção de doença liberadora, na qual algumas significações da liberação são analisadas no quadro do recurso a sistemas de representação próprios à concepção cristã da doença e da morte.

Bronislaw Malinowski analisa a espiritualidade como atos de inspiração religiosa. Para ele, esses atos são quase universais e emergem de uma crise individual. Aparecem nas experiências em que a pessoa sente a solidão, a proximidade da morte, os tormentos da ansiedade e também a exaltação de alegria (Malinowski, ed. 1984).

Na concepção de uma pluralidade de lógicas de ação que servem para interpretar o social, a abertura às necessidades do espírito pode ser analisada segundo a lógica da inspiração (Boltanski e Thévenot, 1991) ou segundo o regime de paz em agapé (Boltanski, 1990). Nesses dois modos de agir, a valorização da renúncia às coisas estáveis da matéria é uma das características principais. Mas a ação própria ao mundo da inspiração é identificada com a contingência da ocasião e só se deixa evadir momentaneamente no fulgurar da inspiração. No registro da agapé, ao contrário, as pessoas são menos envolvidas na contingência e se deixam ir na evasão recusando toda sorte de cálculo, o que é incompatível com a situação de doente da Aids.

A atenção dirigida ao corpo, necessária para tentar controlar a doença, nos leva a analisar a emergência de um espaço espiritual como uma ação própria ao mundo da inspiração, às vezes como um estado de paz experimentado pelos doentes, mesmo reconhecendo que as coisas não estão em ordem em sua vida, mas sem no entanto mergulhar no esquecimento das convenções, o que é próprio ao regime da agapé.

Agir por inspiração significa agir em um mundo imprevisível, mutável, e por isso, incompatível com a previsibilidade e o determinismo dos outros registros de ações do modelo da justiça (Boltanski e Thévenot, 1991). Formulamos a hipótese de que a estabilidade da pessoa na emergência de um espaço espiritual se faz por meio da própria doença. Por meio dela, os doentes podem experimentar estados de paz e também mergulhar no espaço da inspiração sem se perder nele, pois, ao contrário do regime de paz em agapé, em que o esquecimento das convenções é necessário, nesses dois regimes de ação os doentes podem recobrar o espírito crítico sobre sua situação de doença e o controle sobre seu corpo, e também sobre todo o social.

É fato que na sociedade brasileira há um grande espaço dedicado à espiritualidade, resultado da união de diferentes culturas — cada qual fornecendo suas crenças e favorecendo o sincretismo de várias doutrinas e sistemas religiosos.[5] Na situação de doença grave, essas concepções religiosas geralmente servem de pano de fundo para a emergência da espiritualidade. Alguns doentes reorde-

---

5. A religião predominante na sociedade brasileira é o catolicismo. Até o início do século XX, existiam laços institucionais e normativos entre a igreja católica e o Estado, e essa religião preservava o monopólio absoluto da expressão religiosa da população brasileira. Com o processo de modernização da sociedade, em meados do século, ocorre, sobretudo nos meios urbanos, o desenvolvimento de outras religiões, como o protestantismo, o espiritismo kardecista, a umbanda e o candomblé (Cândido Procópio Ferreira Camargo, 1973).

nam a vida apoiando-se em fundamentos compatíveis com a idéia de salvação própria à moral cristã, mas também com a idéia do sofrimento como possibilidade de evolução do espírito através de reencarnações sucessivas, próprias à concepção espírita da vida e da morte.[6] Nessa concepção, os acontecimentos felizes são interpretados como profundamente positivos e os ruins, como culpa e punição. Os acontecimentos são provas, signos que oferecem uma oportunidade à opção moral e à reorientação da conduta (Camargo, 1973).

No entanto, a maioria dos doentes não se apóia em uma religião quando experimenta a espiritualidade. São poucos os que se voltam para uma religião. Os adeptos do espiritismo, pela própria concepção da vida e da morte, são tomados num movimento de evolução individual.

---

6. Essas concepções referem-se ao kardecismo e à umbanda e são encontradas também entre os adeptos do candomblé. Essas formações religiosas são diferentes pelo seu conteúdo e pela sua formação histórica. O candomblé é uma religião de origem africana que põe em destaque os "orixás", divindades intermediárias entre os homens e "Olorun", o Deus Supremo. Os "orixás" encarnam em pessoas (pais ou mães de santo) especialmente formadas para exercer esse papel. No Brasil, essa religião mostra uma tendência sincrética, com a influência do catolicismo e do kardecismo. A umbanda integra elementos de religiões africanas, indígenas, católicas e kardecista. O espiritismo kardecista tem suas origens na doutrina elaborada por Hyppolite Dénizart Rivail, dito Allan Kardec. Essa doutrina, publicada em *O Livro dos Espíritos* (Paris, 1853), apresenta-se como ciência, filosofia e religião, e foi introduzida no Brasil em meados do século XIX. Há a hipótese de uma graduação que vai do kardecismo à umbanda, caracterizada principalmente pelo fenômeno da mediunidade e pela mobilidade dos adeptos, que podem passar de um culto a outro dessas formas de religião (Camargo, 1973).

Os que não são adeptos dessa doutrina, ao contrário, procuram na religião uma resposta apaziguadora para sua situação sem se preocupar com a vida no além. Danièle Hervieu-Léger afirma que as novas formas de crenças e práticas religiosas correspondem à "subjetividade individual na ordem espiritual" (1993, p. 201). Essa subjetividade individual permite o ajustamento "racional" das representações religiosas às esperanças individuais concretas de aceder ao bem-estar nesse mundo. Para a autora, a relação entre salvação e cura "funciona como uma marca simbólica que alarga a esperança de cura para todos os aspectos da realização de si". Nessa visão, a salvação torna-se "metáfora de cura" (cf. p. 202). Assim, é possível atribuir a emergência de um espaço espiritual a esse individualismo moderno ressaltado por D. Hervieu-Léger, que faz do desvelamento de seu si autêntico, ao longo da vida, uma espécie de dever.

3.1. O reconforto encontrado na fé e nos fundamentos religiosos

Uma das formas da emergência do espaço espiritual se traduz pelo reconforto buscado nos fundamentos das doutrinas religiosas, mesmo que a maioria dos doentes não se envolva com uma religião precisa, mas se apegue à fé em um Deus acima de tudo: *"Sempre tive minha crença em Deus. Penso que há alguma coisa acima de tudo isso, e muitas vezes não compreendemos, mas há um mistério, isso é certo. Isso é uma força, porque se a gente fica dependente desse medicamento, é melhor parar imediatamente. Acho que há um instinto de vida no ser humano. Não sei se isso está ligado a Deus, à fé ou a outra coisa. Sempre dei muita importância às coisas espirituais"* (executivo, 38 anos).

Para se deixar levar nesse movimento em direção à espiritualidade, esse doente precisa aceitar a idéia do mistério, que contém a incerteza, mas permite encarar a vida de todos os seres humanos e a relação que eles mantêm com essa vida. Nesse caso, ele não está mais na dimensão individual da própria morte, mas na relação que as pessoas vivendo neste mundo mantêm com a morte.

Alguns acham que é o mistério que dá força para continuar a viver: *"Minha fé aumentou muito. Se Cristo ressuscitou Lázaro, por que não ressuscitaria um outro ser humano? Nesse ponto, Deus e Cristo me mostraram as coisas. As palavras de Deus são muito importantes. Sempre tive fé em Deus, mas depois da doença essa fé aumentou. Quando se tem saúde não se pensa em nada, não se vê como é o mundo. Só se pensa na vaidade. Quando a gente está doente, começa a olhar em volta de si as pessoas que são boas e as que são ruins. Toda a angústia que eu tinha acabou. Joguei tudo na lata de lixo e é aí que deve ficar. Se até minha família joguei na lata de lixo, por que não a doença?"* (peixeiro, primário, 36 anos).

O doente fala de sua própria ressurreição pelo milagre de Cristo. A idéia de ressurreição supõe que ha morte em alguma parte: é todo seu passado que está morto. Pela doença, ele descobre o caminho das palavras de Deus e Cristo e também o da verdade sobre os outros. O doente age por inspiração: sente em si os efeitos positivos da doença e pode experimentar estados de paz nessa situação. Mas não pode se entregar incondicionalmente a tais estados de paz.

No interior de seu relato, quando evoca a família, entra em contradição com o fundamento da agapé, que é ausência de julgamento e perdão incondicional ao outro. Preservar o espírito do julgamento e o discernimento, que a doença lhe trouxe é uma maneira de voltar à realidade de portador de Aids e de não se perder na inspiração.

Ao se referirem à doença como prova de verdade, os doentes opõem "divertir-se" a "pensar em Deus",[7] cada um desses movimentos pertencendo a esferas distintas, como a saúde e a doença. Esta lhes dá a possibilidade de encontrar o caminho que parece ser o verdadeiro: *"Agora tenho necessidade de ver uma luz no fim do túnel. A religião que me der essa luz eu adotarei. Estou freqüentando várias. Na congregação espírita, estou lendo os evangelhos. Há coisas interessantes que eu não conhecia. Antes eu não procurava essas coisas, achava que a vida era uma glória. Como o homossexual é muito sozinho, no desespero, um quer tomar o namorado do outro. Eu mudava muito de parceiro e depois me sentia frustrado. O resumo*

---

7. Essa oposição parece encontrar ressonância na afirmação de C. Herzlich e J. Pierret: "As referências a Deus, à fé, e à prece, raras em suma, aparecem hoje apenas em um único contexto, o do sofrimento e o da impotência" (1984, p. 189). O relato de alguns doentes faz pensar, efetivamente, que o recurso a Deus e à fé é próprio da situação de aflição devido ao sofrimento. Contudo, em nossos dias é preciso ser prudente a esse respeito. Como o mostra D. Hervieu-Léger (1993), assiste-se a uma escalada de correntes fundamentalistas, sectárias e carismáticas que parecem contrárias a fatos como a secularização da sociedade ou a ausência de orientação religiosa que a sociologia tomava como estabelecidos. Segundo a autora, pesquisas feitas na Europa mostram que a diminuição da prática religiosa e a crise de vocações não têm relação direta com a perda da crença.

da história é que nunca me encontrei, mas encontrei muitas coisas que podiam ser evitadas. Acho que o eixo da vida se encontra pelo sofrimento, porque essa doença é um sofrimento" (cabeleireiro, secundário, 27 anos).

O doente se volta para a busca de diferentes religiões para encontrar o sentido de sua vida, que não pôde encontrar no passado. Ele se apóia no próprio sofrimento para conceber o reordenamento de sua vida. Isso é coerente com a moral cristã, mas também com a doutrina do espiritismo, que concebe o sofrimento como forma de salvação e expiação.

Para os adeptos do espiritismo, a perspectiva da morte contida na Aids não tem um efeito particular sobre a fé. Eles concebem a morte como processo natural, ela não significa sofrimento. A única preocupação são as dores físicas e as sensações de perda de controle de si mesmos. A doutrina espírita é, para eles, uma referência importante para compreender sua situação e ajudá-los no momento da "passagem", ou seja, na hora de deixar esse mundo e ir para outro, num novo estágio de evolução: *"Sempre senti necessidade de ter uma explicação para nossa vida. Queria estar livre das concepções de céu e inferno. Tudo isso me parecia muito ilógico. Procurei respostas nas filosofias orientais e também no espiritismo. O espiritismo me satisfazia do ponto de vista intelectual, pois tem uma certa lógica. Ele nos ensina a buscar a evolução intelectual e moral aqui, nesta "passagem". Quando comecei a ler sobre isso, pude ordenar um monte de coisas e comecei a ter outra visão do mundo. Isso faz mais de vinte anos e me ajudou muito quando soube que estava doente. Não tenho medo de morrer. A morte não é um trauma, é uma coisa natural, faz parte de um processo"* (bancário, superior, 35 anos).

Os adeptos do espiritismo incorporaram a compreensão da vida e da morte própria dessa doutrina antes de ficarem doentes. Ela permite que se reconheçam e assegura sua continuidade. Sem negar sua situação, nem procurar efeitos da doença sobre a maneira de encarar a vida, eles se harmonizam em sua condição com justeza, aceitando as coisas como elas são. Não há, nesse raciocínio, nenhum determinismo específico da Aids. Isso faz parte do processo individual no processo geral de vida e de morte.

3.2. O movimento em direção a si mesmo e aos outros

Nem todos os doentes que criam um espaço para a espiritualidade se apóiam em princípios ligados a doutrinas religiosas. Alguns se voltam para si mesmos a fim de encontrar as respostas para sua situação. Um doente já citado narra como ele vê o processo de formação de coerência entre si mesmo e a situação de doença: *"Você sabe, um novo homem está nascendo, com uma coisa muito forte. Esse homem sou eu, claro; um homem mais coerente, com os pés no chão, um homem mais paciente, sem ser o portador da verdade. Eu não era assim"* (estilista, superior, 44 anos).

Para que um novo homem possa nascer, é preciso que, de uma maneira ou de outra, ele tenha sido liberado pela morte de um outro. Mas como explorar esse novo homem no campo social e relacional agora que está gravemente doente e dependente do outro? Inicialmente, esse novo homem existe em relação a si mesmo e às novas exigências de sua vida. Para que ele possa exprimir-se no social é preciso tempo. A entrevista parece ser um momento em que o doente se exprime a respeito dessa mudança. Na continuação do relato, encontramos a noção de renúncia e de sacrifício, própria ao mundo da inspiração: *"Hoje estou me desfazendo de uma série de coisas. Quero somente as coisas que me servem muito. O resto não me interessa mais. Nesse momento exato, não preciso de uma casa com cinco quartos, não tenho necessidade de 20 pares de sapato, de 40 calças. Duas me bastam, duas camisas também são suficientes. Meu projeto agora é ter uma vida mais simples, mas com dignidade e beleza, pois o simples é muito mais caro que o sofisticado"* (estilista, superior, 44 anos).

A situação de doença exige o sacrifício de coisas materiais: em geral, os doentes afirmam que quase mais não saem e, portanto, não precisam da mesma quantidade de vestimentas que antes. Mas, para esse doente, o desapego é próprio do homem novo que ele se tornou, que também não é mais portador da verdade. Voltando ao conjunto do relato, pode-se observar que ele guarda o espírito crítico e permanece vigilante com respeito a sua situação e a todo o social. Esse espírito crítico já havia se mostrado em suas preocupações com uma moral conservadora que visa os homossexuais em nome da Aids. Aqui manifesta-se a propósito das religiões: *"Antes eu praticava o espiritismo, mas depois parei com tudo isso. Ficou eu e minha dor. Agora não consigo me fixar em nenhuma religião: elas são castradoras, hipócritas. A religião à qual quero me apegar é a luz. Essa é minha religião. Minha fé continua a mesma, nada mudou, nada pode me curar. Há apenas eu mesmo"*. Nenhuma outra força exterior conta em seu processo de transformação. As forças capazes de modificá-lo emergem de si mesmo. Ainda que a mudança não apague sua dor, ela pode revelar o novo homem capaz de enfrentar a situação presente.

Outros doentes evocam o sentimento de indulgência como um efeito da Aids em si: *"A indulgência é um sentimento muito nobre, muito próximo do amor. Para que você possa alcançar o amor, é preciso ter indulgência com as outras pessoas — o amor universal, eu digo. Agora, com a doença, a gente tem uma indulgência muito maior: ele é meu irmão. A benevolência também é desenvolvida. Se você pode compartilha, você se torna menos egoísta. Acho que a Aids, é horrível dizer, é positiva. Por exemplo, um câncer retira o seio de uma mulher, isso a abala muito. A Aids não, por mais surpreendente que isso possa ser. Talvez porque ela te fragilize muito, você se torna mais aberto a esses sentimentos, a essa benevolência. Começa a pensar mais no espírito, tem menos contato com o mundo. Essas circunstâncias levam a uma meditação muito maior. Levam a refletir sobre a vida e a morte, sobre a existência, seu princípio e seu fim"* (professor de inglês, superior, 48 anos).

A Aids é uma oportunidade para o doente alcançar esse estado de indulgência próximo ao amor, segundo suas palavras. Mas, na continuidade do relato, vê-se que ele não tinha indulgência com seu próprio passado nem com os homossexuais em geral: *"O homossexual que queria parecer tão sensível, tão gentil, somente quando confrontado com a doença se torna mais indulgente com os ou-*

tros seres humanos, com seu próximo. Acho que eles não são esclarecidos sobre sua situação. São centrados em si mesmos e não aproveitam a evolução social, espiritual, tecnológica, a evolução do mundo. Em geral, o homossexual é alguém de bem, mas ele se marginaliza, não é em nada diferente das outras pessoas. A mulher é reprimida e, no entanto, é mais sensível: ela te escuta mais, participa da sua dor e da sua alegria. Ela é mais elaborada e completa que o homem, mesmo que não tenha Aids. É menos egoísta pela própria disposição à maternidade. Ela se dispõe a compartilhar mais com os outros seres humanos" (professor de inglês, superior, 48 anos).

O doente se coloca exterior à sua experiência passada para condená-la. Quando se libera e pode falar de exclusão e benevolência, ele critica e condena os homossexuais, inclusive a si mesmo. A idéia da dor e do sofrimento é evocada como meio de chegar à indulgência quando ele associa dois grupos, as mulheres e os homossexuais, e duas condições, a maternidade e a Aids. As mulheres podem aceder à benevolência pela maternidade, condição que lhes é dada desde a origem. Os homossexuais só podem aceder a esse estado pelo sofrimento da doença.

3.3. A contemplação da natureza

A contemplação da natureza ocupa um lugar importante na emergência de um espaço espiritual. Olhar a natureza de uma maneira nova também é efeito da doença sobre si mesmo. Os doentes param para ver as coisas que pareciam sem importância mas que ganham relevância na situação presente: *"A doença me fez ver que a felicidade está nas pequenas coisas. Agora tenho outros valores. Coisas que começamos a conhecer somente no momento de perdê-las. Por exemplo, eu nunca tinha parado para olhar a natureza, ficar em uma fazenda, tocar a terra. Isso agora faz parte dos meus sonhos, é meu desejo nesse momento. Antes meus quadros não tinham nada a ver com esses temas"* (pintor, superior, 31 anos).

A contemplação da natureza, nesse exemplo, pode estar relacionada com a vocação artística do doente. Mas, analisando outros relatos, percebemos que a ação contemplativa tem relação com o tempo livre que os doentes têm diante de si.

O olhar contemplativo para o universo, ligado ao paradoxo do tempo introduzido pela doença grave, foi assinalado por P. Ricoeur (1984), ao tratar do romance *A montanha mágica,* de Thomas Mann. Ele afirma que o personagem central do romance atribui proporções cósmicas à experiência monótona do tempo: a contemplação do céu e dos astros dá à fuga do tempo um paradoxo de fixidez.

Nossos exemplos mostram que a situação de doença leva, de fato, a um olhar contemplativo para o universo, mas não apaga a sensação de que os doentes foram pegos num movimento orientado para uma etapa finita: *"Não posso me queixar: levanto-me e vejo o sol, deito-me e vejo a lua. Às segundas, quartas e sextas, passo pelo jardim zoológico, para vir ao hospital, e vejo os pássaros. Vejo tudo, estou sempre agradecendo a Deus. Esse é o caminho... Se pudesse voltar a ser o mesmo que sou, voltaria, não me arrependo de nada e não me queixo de nada.*

Meu futuro a Deus pertence" (funcionário administrativo desempregado, secundário, 48 anos).

A possibilidade de voltar está fundada na crença espírita, cultivada pelo doente há vários anos. Ele permanece na lógica da continuidade, fornecida por essa doutrina, e na lógica de um fim, colocada pela situação de doente de Aids. No entanto, ele abre a possibilidade de reverter sua situação quando entrega o futuro a Deus. Ele não é mais senhor de si mesmo. Mas, aceitando essa perspectiva, cria incertezas sobre o determinismo contido no próprio relato. Esse doente se coloca numa situação de justeza com o presente e o passado e não se envolve em argumentações críticas sobre sua conduta e a dos outros. Ao longo da entrevista, mostra tranqüilidade quanto à sua homossexualidade e à maneira como a viveu, e também quanto ao seu presente. Nesse estado de justeza, consegue ser coerente com sua situação de doente e seus princípios religiosos. Fala de outra vida depois desta, se isso fosse possível, e de outra vida semelhante a esta, se também fosse possível.

A emergência de um espaço espiritual, quaisquer que sejam as formas de sua manifestação, revela-se um recurso importante para os doentes se reconhecerem na situação introduzida pela Aids. Essas diferentes maneiras de responder às necessidades do espírito trazem respostas momentâneas à situação de doença e sofrimento, mesmo que isso não lhes poupe as dificuldades do cotidiano. Mas, ao aceitar tais respostas, os doentes podem encontrar momentos de alívio e paz e reordenar sua vida com a Aids, en função também desses momentos.

Conclusão

Neste livro, tentamos compreender os esforços que os doentes empregam para assegurar a integridade de sua identidade pessoal e social.

Também procuramos abordar, por um lado, as representações sociais, a respeito da Aids e da doença em geral, de que os doentes se apropriam para guiar suas condutas e dar sentido à doença (Herzlich, 1984; Herzlich e Pierret, 1984), e, por outro lado, a organização da vida quotidiana dos doentes (Strauss e Glaser, 1975). Para examinar a articulação entre essas perspectivas teóricas, apoiamo-nos na noção de pessoa e em sua relação com a problemática da identidade, tal como definida por P. Ricoeur (Ricoeur, 1990), e na perspectiva do modelo de justiça, fundado numa competência geral que serve para guiar as ações das pessoas nas situações que escapam ao mundo ordinário de composição social (Boltanski, 1990, Boltanski e Thévenot, 1991).

Propusemos uma análise da formação da coerência da pessoa para evidenciar o *continuum* assegurado pela dialética entre os dois pólos da identidade, *mêmeté* e ipseidade, quando os doentes ordenam os acontecimentos de sua vida no tempo da entrevista. Garantida pela dimensão ética e moral da pessoa, essa dialética possibilita a mediação no caminho de retorno a si mesmo, para reconhecer-se no caos engendrado pela doença. Acreditamos que o movimento dialético entre idem e ipsei amortece o efeito de ruptura da identidade e assegura a permanência da pessoa no tempo, a despeito das importantes mudanças advindas com a Aids. Mediante essa noção, parece-nos possível conceber a doença como um acidente que faz parte da história desses doentes e se inscreve no encadeamento de uma vida.

Ao analisar as ações dos doentes no processo de formação da coerência da pessoa, numa perspectiva de modelo de justiça, servimo-nos do tópico da denúncia, principal figura para a qual esse modelo mostra sua pertinência na análise das condutas dos doentes. Segundo o modelo da justiça, a fim de adquirir a legitimidade, os que se engajam num ato de denúncia devem se associar com outras pessoas envolvidas no objeto de denunciação. No caso dos doentes, podemos observar que a crítica em relação ao olhar que, segundo eles, toda a sociedade dirige à homossexualidade e aos portadores de Aids permite-lhes associar outros homossexuais e doentes à sua denúncia, legitimá-la e reconhecer-se em um grupo de destino, o dos homosexuais. Se o ato de denúncia não pode reparar o irreparável, ao menos lhes permite restabelecer uma eqüidade no nível da identidade social.

Essa perspectiva se mostra problemática ao analisarmos os sentimentos que participam da construção da incerteza. Para exprimir as próprias experiências da doença, os doentes seguem por caminhos frágeis, apresentando sentimentos de dúvida, revolta e espiritualidade. Mas essas formas de apreensão da situação só podem manifestar — se em alguns momentos, sob o risco de levá-los a negligenciar o controle sobre a doença. Aí se vê que a estabilidade da identidade é muito mais difícil, pois mesmo suas emoçoes mais profundas nao podem ser mobilizadas permanentemente, sem risco de esquecer as exigências da situação de doente.

O modelo de justiça, concebido pela sociologia de L. Boltanski e L. Thévenot (1991) para examinar principalmente as situações de litígio, mostra seus limites na análise da situação de doença, em que as diferentes questões levantadas não pertencem apenas ao domínio da justificação, mas também ao da organização da vida prática com a Aids e do desafio à ameaça de morte contida na doença. Contudo, ao insistir na justificação das ações e no aspecto crítico da argumentação, esse modelo nos conduz a uma análise segundo a qual a pessoa pode sempre se realizar enquanto tal, qualquer que seja a situação em que se encontre. Isso porque pode adotar diferentes registros de ação que lhe permitem estar de acordo com as regras de equivalência geral. Nessa ótica, os registros de ação não se limitam à capacidade física e à interação social. A análise também procura entender a operação crítica desencadeada pela pessoa no momento da argumentação para restabelecer o laço consigo mesma e com o social — o que é importante para examinar as condutas dos doentes, sem colocá-los numa posição de inferioridade em relação à sua conduta antes da doença e em relação ao olhar do outro.

Pela argumentação crítica, eles se situam no registro de equivalência geral, fundada na lógica de uma ação cívica, e não em uma identidade reduzida, baseada somente na interação com o ambiente social. Isso se estrutura graças ao efeito produzido pelo relato — noção que implica a recomposição de uma história, no tempo da narração, à luz de um acontecimento, a exemplo da Aids. Essa implicação do relato na manutenção da identidade social e pessoal e o efeito da doença sobre o olhar dirigido ao mundo integram o processo de formação da coerência da pessoa. Na entrevista, é possível perceber os abalos que sobrevieram com a doença, bem como a ruptura de certos laços sociais. Mas, como a configuração do relato dá lugar a uma história inteira e completa, ela traz à luz todo o processo de mudança e de recomposição da pessoa, assegurado pela dialética entre a identidade como *mêmeté* (que reenvia a uma dimensão geral de identificação) e a identidade como ipseidade (que reenvia à dimensão do si considerado como singular absoluto e irredutível). É essa dialética que responde pela permanência da pessoa em face da doença grave.

A formação da coerência significa negociar com a perda e reconciliar-se consigo mesmo. Essa noção pode contribuir para a compreensão do trabalho de reapropriação de si realizado pelos doentes a fim de assegurar a integralidade de sua pessoa, conforme as possibilidades dadas pela doença. Com essa noção, esperamos ter ido um pouco mais longe na compreensão da experiência das pessoas doentes.

De qualquer modo, pensamos que a formação da coerência da pessoa pode ser um esboço para pensar as situações em que há rarefação de seres mobilizáveis para se pôr à prova da situação (Boltanski e Thévenot, 1991).

Para os doentes, a prova última que lhe resta em uma tal situação é a relação com a morte. E, nessa prova, a coerência é o que lhes permite ir em direção ao mais profundo do seu ser. A coerência da pessoa pode então ser reportada à seguinte questão: o que resta da pessoa quando os seres mobilizáveis são rarefeitos? Resta ainda a pessoa. O que resta da pessoa quando ela perdeu os pontos de referência da vida cotidiana? Resta o si profundo, essa subsistência que encontra nela mesma o seu apoio e a manutenção do laço com o outro.

Temos consciência de que tal noção é apenas um esboço. No entanto, essa primeira aproximação nos permite considerar a idéia de uma permanência contínua da pessoa e de uma continuidade identitária, apesar do efeito de ruptura sobrevindo na vida dos doentes. O risco de só considerar o efeito de ruptura introduzido pela doença grave é minimizar a dimensão da pessoa que corresponde à ipseidade, resistente a toda mudança, e não conceder suficiente importância à dimensão de potência contida na noção de pessoa. No nível teórico, isso tem implicações importantes, pois o doente pode ser reduzido às mudanças produzidas em sua vida, subestimando todo o trabalho de construção da pessoa face a si mesma e ao outro para assegurar a integridade de sua identidade. Em seu passado, esses doentes enfrentaram a questão de ser reconhecidos apenas por sua homossexualidade; em seu presente, recusam ser considerados somente como doentes de Aids e reivindicam ser reconhecidos na totalidade de seus seres. Uma tal demonstração, da parte do outro, é a prova de reconhecimento dos limites das capacidades atuais do doente e da aceitação de seu convívio como pessoa inteira.

Bibliografia

AUGÉ, M. & HERZLICH, C. *Le sens du mal: anthropologie, histoire, sociologie de la maladie*. Montreux: Editions des Archives Contemporaines, 1984.

BARDIN, L. *L'analyse de contenu*. Paris: PUF, 1977.

BASZANGER, I. "Les maladies chroniques et leur ordre négocié". In: *Revue Française de Sociologie*, 27, 1, 1986, 3-37.

BECKER, H. S. *Outsiders: études de sociologie de la déviance*. Paris: Métailié, 1988 (1. ed., 1963).

BLANCHÉ, A. et alii. *L'entretien dans les sciences sociales*. Paris: Dunod, 1985.

BOLTANSKI, L. *L'Amour et la justice comme compétences: trois essais de la sociologie de l'action*. Paris: Métailié, 1990.

_____. *La souffrance à distance: morale humanitaire, médias et politique*. Paris: Métailié, 1993.

_____. & THÉVENOT, L. *De la justification: les economies de la grandeur*. Paris: Gallimard, 1991.

BOURDIEU, P. "L'identité et la représentation". In: *Actes de la recherche en sciences sociales*, 35, 1980, 63-72.

_____; CHAMBOREDON, J. C. & PASSERONS, J. C. *Le métier de sociologue*. Paris: Mouton, 1980 (1. ed., 1968).

BURY, M. "Chronic illness as a biographical disruption". In: *Sociology of health and illness,* 4, 2, 1982, 167-182.

CAMARGO, C. P. F. *Católicos, protestantes, espíritas*. Petrópolis: Vozes, 1973.

CARRICABURU, D. & PIERRET, J. "Vie quotidienne et recompositions identitaires autour de la séropositivité". In: *Rapport de recherche,* CERMES, 1992.

CARRICABURU, D. & PIERRET, J. "From biographical disruption to biographical reinforcement: the case of HIV-positive men". In: *Sociology of health & illness*, v. 17, 1, 1995, 63-88.

CHARMAZ, K. "The social construction of self-pity in the chronically ill". In: *Studies in symbolic interaction,* v. 3, 1980, 123-145.

_____. "Loss of self: a fundamental form of suffering in the chronically ill". In: *Sociology of health and illness,* 5, 2, 1983, 169-195.

_____. "Struggling for a self: identity levels of the chronically ill". In: *Research in sociology of health care*, 6, 1987, 283-321.

CLAVERIE, E. "La Vierge, le désordre, la critique. Les apparitions de la Vierge à l'âge de la science". In: "L'incroyable et ses preuves". In: *Terrain — carnet du patrimoine ethnologique*, 14, 1990, 60-75.

_____. "Voir apparaître: les apparitions de la Vierge à Medjugorje". In: *Raisons Pratiques 2*. Ed. EHESS, 1991.

CORBIN, J. & STRAUSS, A. L. "Accompaniments of chronic illness: changes in body, self, biography and biographical times". In: ROYH, J. A. & CONRAD, P. *The experience and management of chronic illness, research in sociology of health care*. London: Jai Press, 6, 1987, 249-281.

COULON, A. *L'ethnométhodologie*. Col. Que sais-je? Paris: PUF, 1987.

DAVIS, F. *Illness Interaction and the self*. San Francisco: University of California Press, 1972.

DODIER, N. "L'apport de l'ethnométhodologie à l'analyse des entretiens sociologiques". In: ACKERMAN, W. et alii. *Décrire: un impératif? Description, explication, interprétation en sciences sociales*. Paris: EHESS, 1985, 198-215.

_____. "Représenter ses actions". In: *Raisons pratiques 1*. Paris: Ed. EHESS, 1990, 115-148.

_____. "Agir dans plusieurs mondes". In: *Critique,* juin-juillet, 1991, 427-458.

DODIER, N. "L'ethnométhodologie et la question du purisme en matière de réflexion sociale". Communication au colloque: *L'ethnométhodologie: une sociologie improbable?* Cerisy-la-Salle, 1997.

DURKHEIM, E. *Les formes élémentaires de la vie religieuse*. Paris: PUF, 1985 (1. ed., 1912).

FABRE, G. "La notion de contagion au regard du sida, ou comment interfèrent logiques sociales et catégories médicales". In: *Sciences sociales et santé*, XI, 1, 1993, 5-32.

FAVRET-SAADA, J. *Les mots, la mort, les sorts*. Paris: Gallimard, 1977.

FOUCAULT, M. *Histoire de la sexualité I: la volonté de savoir*. Paris: Gallimard, 1976.

FOX, R. *Essays in medical sociology: journeys into the field*. New York: Wiley, 1979.

FREIDSON, E. *La profession médicale* (Préface de C. Herzlich). Paris: Payot, 1984 (1. ed., 1970).

FRY, P. "Da hierarquia à igualdade: a construção histórica da homossexualidade no Brasil". In: *Para inglês ver: identidade e política na cultura brasileira*. Rio de Janeiro: Zahar, 1982.

_____. & MAcRAE, E. *O que é homossexualidade*. São Paulo: Brasiliense, 1983.

GARFINKEL, H. "La sexualité 'normale'". In: *Studies in ethnomethodology* (capítulo V traduzido por J. M. de Queiroz). *Sociétés*. Mars, 1988, 3-6 (1ª ed. 1967).

GOFFMAN, E. *La mise en scène de la vie quotidienne, 1 — La présentation de soi*. Paris: Minuit, 1973 (1. ed., 1956).

_____. *Stigmate: les usages sociaux des handicaps*. Paris: Minuit, 1975 (1. ed., 1963).

HABERMAS, J. *Théorie de l'agir communicationnel* (2 vols.). Paris: Fayard, 1987 (1. ed., 1981).

HART, J. & RICHARDSON, D., *Teoria e prática da homossexualidade*. Rio de Janeiro: Zahar, 1983 (1. ed., 1981).

HERVIEU-LÉGER, D. *La religion pour mémoire*. Paris: Ed. du Cerf, 1993.

HERZLICH, C. *Santé et maladie: analyse d'une représentation sociale*. Paris: Mouton, 1984 (1. ed., 1969).

_____. & PIERRET, J. *Malades d'hier, malades d'aujourd'hui*. Paris: Payot, 1984.

HIRSCH, E. "Au-delà des logiques et des catégories: notre responsabilité". In: *Sciences sociales et santé*, XI, 1, 1993, 33-40.

KÜBLER-ROSS, E. *Les derniers instants de la vie*. Genève: Labor et Fildes, 1975 (1. ed., 1969).

LADRIÈRE, P. "La notion de personne, héritière d'une longue tradition". In: Novaes, S. *Biomédecine et devenir de la personne*. Paris: Seuil, 1991, 27-84.

LAPLANTINE, F. *Anthropologie de la maladie*. Paris: Payot, 1986.

LATOUR, B. & WOOLGAR, S. *Laboratory life: the social construction of facts*. Beverly Hills, London: Sage Library of Social Research, 1979.

_____. "Les vues de l'esprit: une introduction à l'anthropologie des sciences et des techniques". In: *Culture technique*, 14, 1985, 5-29.

LAURINDO DA SILVA, L. "Aids e homossexualidade em São Paulo". Dissertação de Mestrado em Antropologia. São Paulo: PUC, 1986.

_____. "The evolution of the Aids illness and the polarisation of values". In: *Journal of homosexuality*. New York: The Haworth Press, 25, 3, 1993. Publicado também in: LEITE, R. M. & BUSSCHER, P. O. *Gay studies from the French cultures*. New York: Harrington Park Press, 1993, 293-305.

_____. "Être un homme et une femme ou: la permanence de la personne dans l'exemple du travesti". *Journal du sida*, 79, 1995, 30-32.

_____. "Os pacientes usuários e ex-usuários de drogas frente ao tratamento do HIV". In: Grangeiro, A. (Org.). *Atualidades em DST/Aids: redução de danos*. Programa de Aids da Secretaria de Saúde de São Paulo, 1, 5, 1998, 77-86.

LAURINDO DA SILVA, L. *Vivre avec le sida en phase avance: une étude de sociologie de la maladie*. Collection Logiques Sociales. Paris: L'Harmattan, 1999.

_____. "Travestis and gigolos: male prostitution and HIV prevention in France". In: Aggleton, P. (ed.) *Men who sell sex: international perspectives on male prostitution and Aids*. London: UCL Press, 1999b, 41-60.

LOYOLA, A. M. *L'esprit et le corps: des thérapeutiques populaires dans la banlieue de Rio*. Paris: Ed. de la Maison des Sciences de l'Homme, 1983.

MALINOWSKI, B. *Magia, ciência e religião*. Lisboa: Edições 70, 1984 (1. ed., 1925).

MacRAE E. *A construção da igualdade: identidade sexual e política no Brasil da "abertura"*. Campinas: Unicamp, 1990.

MAUSS, M. "Ensaio sobre a dádiva. Forma e razão da troca nas sociedades arcaicas". In: *Sociologia e antropologia*, São Paulo: EPU, 2, 1974b, 37-184 (1. ed., 1923).

MENDES LEITE, R. "Les apparences en jeu". *Sociétés*, mars, 1988, 7-11.

MOSCOVICI, S. *La psychanalise, son image et son public: étude sur la représentation sociale de la psychanalise*. Paris: PUF, 1976 (1. ed., 1961).

OGIEN, R. *Un portrait logique et moral de la haine*. Combas: Ed. de l'Eclat, 1993.

PARSONS, T. "Structure sociale et processus dynamique: le cas de la pratique médicale moderne" (cap. V). In: *Elément pour une sociologie de l'action*. Paris: Plon, 1955, 193-255.

PASSERON, J. C. "Biographies, flux, itinéraires, trajectoires". *Revue française de sociologie*, 31, 1989, 3-22.

POLLAK, M. "L'homosexualité masculine ou le bonheur dans le ghetto?" In: *Communication*, 35, 1982, 57-78. Publicado também in: Pollak, M. *Une identité blessée*. Paris: Métailié, 1993, 184-201.

_____. *Les homosexuels et le sida*. Paris: Métailié, 1988.

_____. *L'expérience concentrationnaire: essai sur le maintien de l'identité*. Paris: Métailié, 1990.

POLLAK, M. *Une identité blessée*, Paris: Métailié, 1993.
RICOEUR, P. *Temps et récit I*, Paris: Seuil, 1983.
_____. *Temps et récit II: la configuration du temps dans le récit de fiction*. Paris: Seuil, 1984.
_____. *Soi-même comme un autre*. Paris: Seuil, 1990.
SANDSTROM, K. L. "Confronting deadly disease: the drame of identity construction among gay men with Aids". In: *Journal of contemporary ethnography*, 19, 3, 1990, 271-294.
SCAMBLER, G. & HOPKINS, A. "Being epileptic: coming to termes with stigma". In: *Sociology of health & illness*, 8, 1, 1986, 26-43.
SCHNEIDER, J. e CONRAD, P. "In the closet with illness: epilepsy, stigma potential and information control". In: *Social problems*, 28, 1980, 32-44.
SIEGEL, K., & KRAUSS, B. J., "Living whit HIV infection: adaptative tasks of seropositive gay men". In: *Journal of health and social behavior*, 32, 3, 1991, 17-32.
SILVESTRE, D. et alii. "Le sida, une rupture pour le sujet". In: *Sciences sociales et santé*, 7, 1, 1989, 81-93.
SIMMEL, G. *Sociologie et epistémologie* (Prefácio de J. Freund). Paris: PUF, 1991a (1. ed., 1910).
_____. *Secret et sociétés secrètes* (posfácio de P. Watier). Strasbourg: Circé, 1991b (texto original publicado em 1908, in: Soziologie).
STRAUSS, A. & GLASER, B. et alii. *Chronic illness and the quality of life*. Saint-Louis: C. V. Mosby Co., 1975.
WEBER, M. *Economia y Sociedad*. México: Fondo de Cultura Económica, 1969 (1. ed., 1922).
WEITZ, R. "Uncertainty and the lives of persons with Aids". In: *Journal of health and social behavior*, 30, 9, 1989, 270-281.
WILLIAMS, G. "The genesis of chronic illness: narrative reconstruction". In: *Sociology of health and illness*, 6, 2, 1984, 175-200.

LINDINALVA LAURINDO DA SILVA é doutora em Sociologia pela Ecole des Hautes Etudes en Sciences Sociales — Paris. Foi pesquisadora da Secretaria de Saúde de São Paulo nos anos 80 e depois trabalhou na França, no CERMES (Centro de Pesquisa em Medicina, Ciências, Saúde e Sociedade). Atualmente divide seu tempo realizando pesquisas na França e atuando no Brasil como consultora do Programa de Aids do Ministério da Saúde.